GANZHEITLICH HEILEN

Buch

Erstmalig wird das gesamte Reiki-System von zwei Reiki-Lehrern *vollständig* dargestellt. Breiter Raum ist der Darstellung des zweiten sowie des dritten Reiki-Grades gewidmet, so daß die vielen noch immer grassierenden Mißverständnisse und Halbwahrheiten endlich durch klare und deutliche Aussagen abgelöst werden.

Autoren

Wolfgang Wellmann hat verschiedene Berufe und Lebensformen erprobt und ist nach zahlreichen längeren Asienreisen nun in Deutschland u. a. als freier Reiki-Lehrer tätig.
Wolfgang Distel hat in der Wirtschaft Karriere gemacht und nebenbei verschiedene Therapieformen erlernt. Er arbeitet heute als Unternehmensberater und Reiki-Lehrer.

Bei Goldmann ist bereits erschienen:

Die Praxis des Reiki (13942)

WOLFGANG DISTEL
WOLFGANG WELLMANN

DAS HERZ
DES REIKI

Dai Komio

GANZHEITLICH HEILEN

GOLDMANN

Dieses Buch ist dem heiligen Alphonso,
unseren Eltern,
Dir
und allen anderen Buddhas gewidmet.

Umwelthinweis:
Alle bedruckten Materialien dieses Taschenbuches
sind chlorfrei und umweltschonend.

Der Goldmann Verlag ist ein
Unternehmen der Verlagsgruppe Random House GmbH

Originalausgabe Januar 1995
© 1994 Wilhelm Goldmann Verlag, München
Umschlaggestaltung: Design Team München
Umschlagkalligraphie: Klaus Lehmann
Zeichnungen: Michael Staadt
Belichtung: Compusatz, München
Druck: GGP Media, Pößneck
Verlagsnummer: 13823
Lektorat: Olivia Baerend
Redaktion: Christine Schrödl
Herstellung: Sebastian Strohmaier
Made in Germany
ISBN 3-442-13823-X
www.goldmann-verlag.de

10. Auflage

Inhalt

Vorwort 9

Was ist Reiki? 13
  Reiki ist Universelle Lebensenergie 14
  Für wen ist Reiki sinnvoll? 19
  Der Zugang zur Reiki-Kraft durch die Einweihung . . 23
  Allgemeine Auswirkungen der Reiki-Behandlung . . . 27
  Reiki und die Heilung von Krankheiten 30
  Reiki und Religion 33

Die Vermittlung des Reiki-Wissens im Wandel der Zeit . 35
  Von der Geheimwissenschaft zur Massenbewegung . . 36
  Reiki-Seminare und Reiki-Lehrer 46
  Reiki und Geld – Der Energieaustausch im Wandel
  der Zeit 49

Das Reiki-System im Überblick 53
  Die Reiki-Grade 54
  Die Reiki-Lebensweisheiten 56

Der 1. Reiki-Grad:
Das Wiederentdecken der Universellen Lebensenergie . . 63
  Was beinhaltet der 1. Reiki-Grad? 64
  Grundpositionen und Ganzbehandlung 66
  Chakras und Chakra-Ausgleich 84
  Die Reiki-Behandlung und die Bedeutung
  von Ritualen 95
  Empfehlungen für Reiki-Sitzungen 98
  Die Geschenke des 1. Reiki-Grades 101

Der 2. Reiki-Grad:
Symbole und die Überwindung von Raum und Zeit . . . 111

Für wen ist der 2. Reiki-Grad sinnvoll? 113

Symbole und Mantras 115

Die Problematik der Veröffentlichung von Mantras
und Symbolen 119

Verschiedene Symbolschreibweisen 123

Die drei Symbole des 2. Reiki-Grades 126

Einige Techniken zur Anwendung der Symbole
des 2. Reiki-Grades 130

Die Geschenke des 2. Reiki-Grades 147

Der 3. Reiki-Grad:
Der innere Meister 163

Grundsätzliches 164

Die Geschenke des 3. Reiki-Grades 167

Der 4. Reiki-Grad:
Der Lehrer-Grad 173

Der Zeitpunkt der Einweihung 174

Wer wird Reiki-Lehrer? 176

Einige Bemerkungen zur Weitergabe des
Lehrer-Grades 178

Die Geschenke des 4. Reiki-Grades 182

Was heißt Erfolg für einen Reiki-Lehrer? 185

Literatur 187

Aus patentrechtlichen Gründen muß der Goldmann Verlag darauf hinweisen,
daß folgende Begriffe eingetragene Markenzeichen des Herrn Josef Hilger, Köln, sind:
»Das USUI-System der Natürlichen Heilung«, »USUI Shiki Ryoho«, »Gemeinschaft der
Reiki-Meister des traditionellen USUI-Systems der Natürlichen Heilung«.

Dai Komio, Das Licht
ist in allem enthalten.

Dai Komio ist Unterstützung für alle, die meditieren, ob sie nun Reiki praktizieren oder nicht. *Dai Komio* ist Stütze und Schutzschild für alle, die Reiki anwenden. *Dai Komio* sagt, daß wir alle gleichen Ursprungs sind. *Dai Komio* hilft uns, das Verlorene wiederzufinden.

Betrachte dieses Symbol, werde still, und erwarte nichts.

Dai Komio ist das vierte und letzte Symbol des Reiki, das sogenannte Meistersymbol.

Die Veränderungen im Morphischen, im Kollektivbewußtsein verlangen, das Meistersymbol des Reiki jetzt aus dem Bereich des Geheimnisvollen und Verborgenen an das Licht des Tages zu heben, um noch viel mehr Menschen spüren zu lassen, was Universelle Lebensenergie ist.

Das Lesen dieses Buchs ersetzt nicht die Teilnahme an einem Reiki-Seminar, aber die morphischen Felder des Reiki und mit ihnen die Qualität des *Dai Komio* gehen auch andere Wege, uns zu zeigen, wo unser Herz ist.

Die Situation, in der sich unser Planet Erde befindet, verlangt danach, dem Menschen jede verfügbare Hilfe zu geben.

Reiki ist die Energie des Herzens, und *Dai Komio* ist sein Herzschlag. Er will sich jetzt offenbaren und gefühlt werden. Jeder Mensch erhält die Möglichkeit, Zugang zu etwas Universalem in seinem Inneren zu finden. Das ist der Beweggrund jeder Reiki-Praxis.

Dr. Usui

Vorwort

Dai Komio ist im System der Universellen Lebensenergie das Symbol des Lichts. Darüber hinaus stellt es das sogenannte Meistersymbol, das Herz des Reiki dar. Nach traditioneller Auffassung ist dieses Symbol nur den Reiki-Meistern und -Meisterinnen vorbehalten. Das hatte lange Jahre hindurch ganz sicher seine Berechtigung. Aber die Zeit geht weiter, alles entwickelt sich immer schneller, und die Schwingung des Planeten wird höher. Die Folge davon ist, daß mehr und mehr Menschen eine innere Aufbruchstimmung spüren, daß immer mehr Menschen den Hunger nach Verbesserung, Verschönerung und Erleichterung, nach Wohlergehen, Entfaltung der Kreativität und persönlicher Erfüllung, nach Bewußtheit, Frieden und Freiheit fühlen.

Die esoterische Lehre ist das gemeinsame Eigentum der Menschheit; sie ist es immer gewesen. Jedesmal, wenn sich ein starkes geistiges oder intellektuelles Bedürfnis nach einer Freigabe esoterischer Kenntnisse bemerkbar machte, wurden diese der Menschheit zugänglich. So ist es auch jetzt ein natürlicher Vorgang, daß das Verborgene zum Allgemeingut wird und hilft, die weitere Entwicklung zu fördern.

Geheimhaltung ist nur dann erforderlich, wenn Mißbrauch möglich ist. Mißbrauch schließt *Dai Komio* kraft seines Ursprungs aus, denn *Dai Komio* ist das Licht, das Herz.

Wir veröffentlichen das vierte Symbol des Reiki in der vollen Überzeugung, im Bewußtsein der Tradition rebellisch handeln zu müssen. Inspiriert und geleitet wurden wir dabei von unseren spirituellen Meistern, deren liebevolle Führung wir immer gefühlt haben.

Es ist uns keineswegs leichtgefallen, uns zur Veröffentlichung ausgerechnet des sogenannten Meistersymbols durchzuringen. Aber eine Erkenntnis ist dann wahr, wenn sie uns zu ihrer Umsetzung in unserem Handeln zwingt, und das trotz aller Bedenken. Unser Hauptbeweggrund dabei war, daß wir zweifelsfrei spürten, wie elementar wichtig die Bekanntgabe des vierten Symbols jetzt ist.

Verrat mag neben vielen anderen der Vorwurf sein, den einige im Zusammenhang mit diesem Vorgehen erheben könnten. Aber seit den Tagen der Wiederentdeckung des Reiki sind viele Jahrzehnte vergangen, und die Menschheit steht heute vor Aufgaben, wie sie in dieser Form noch nie dagewesen sind.

Alles ist Wandlung, alles ist Fließen, alles ist Bewegung hin zu immer mehr Vollkommenheit, sagen die alten Chinesen. Dem Priester Dr. Mikao Usui wurde Ende des neunzehnten Jahrhunderts die Methode der Aktivierung lang vergessener Lebensenergien wieder enthüllt. Er nannte sie Reiki – Universelle Lebenskraft.

Mit der Weitergabe des Wissens um die Universelle Lebenskraft oder Kraft der Liebe wurde aus dieser Quelle ein Bach, dann ein Fluß, der sich in der Welt ausbreitete. Im Laufe des zwanzigsten Jahrhunderts ist die Zahl der Reiki-Praktizierenden zu einem Strom angewachsen. Jetzt, im Zeichen des beginnenden Wassermannzeitalters, wandelt sich die Reiki-Bewegung. Sie gewinnt eine neue Qualität, die Qualität der Öffnung. Wir haben dieses Buch geschrieben, um diese neue Qualität zu bejahen und zu fördern. Unser Anliegen ist es, die Reiki-Kraft allen Menschen ans Herz zu legen und alle Fragen im Zusammenhang mit Reiki zu beantworten – offen, sachlich und in Liebe.

Wir wenden uns an alle Leser, die sich einfach nur informieren wollen über das, was Reiki ist und was es bewirken kann. Wir wünschen uns, daß die Universelle Lebenskraft im Sinne einer Hilfe zur Selbsthilfe jedem Menschen zugänglich wird. Wir wenden uns aber auch an diejenigen, die Reiki schon praktizieren. Wir können alle noch etwas dazulernen. Und sei es auch nur, daß wir uns das, was wir bereits wissen, einmal mehr ins Bewußtsein rufen.

Wir appellieren zudem an die spirituelle Verantwortung aller Reiki-Lehrer. Wir bitten um mehr Offenheit für die Aufgaben, die sich uns Reiki-Lehrern heute besonders in bezug auf die Weitergabe des Meisterwissens stellen. Reiki ist ein stiller Weg, keine spektakuläre Angelegenheit. Wer Reiki für sich und andere anwendet, ist gehalten, der Stille und dem zarten Fließen der Energie freie Bahn zu geben – nicht als ein Tun, wohl aber als ein Impuls, als eine Art grünes Licht. Wir bitten alle Reiki-Lehrer, der sich abzeichnenden Öffnung in diesem Sinne grünes Licht zu geben.

Diese Öffnung zeigt sich bereits auf vielen Ebenen. Es ist die Öffnung einer Geheimwissenschaft hin zur »Hilfe zur Selbsthilfe«, die jeder Mensch erlernen kann. Die Einordnung des Reiki in eine »spirituelle Ecke« wandelt sich hin zur praktischen Anwendung jenseits aller religiösen Einstellungen. Das Besondere wird zum normalen Alltag, der Reiki-Meister, die Reiki-Meisterin* wird vom Halbgott zum Mitmenschen. Die Mystifizierung weicht der wissenschaftlichen Überprüfbarkeit. Die Idee, den Körper durch Auflegen der Hände zu heilen, öffnet sich der Erkenntnis ganzheitlicher Heilung, der Heilung von Körper, Geist und Seele.

---

* Die deutsche Sprache kennt leider keinen Begriff, der sowohl die männliche als auch die weibliche Form beinhaltet. Wenn wir, dem herrschenden Sprachgebrauch entsprechend, an einigen Textstellen nur in der männlichen Form schreiben, so bitten wir unsere Leserinnen, uns dieses nachzusehen. Wir wollen selbstverständlich immer beide Geschlechter ansprechen.

Ein weiteres Anliegen dieses Buches besteht darin, Reiki von Anfang an als Meditation verstehen zu lernen, als einen wunderbaren Helfer auf dem Weg nach innen – zu mehr Bewußtheit, zu Glück und Lebenserfüllung. Die Universelle Lebenskraft auch in diesem Bewußtsein fließen zu lassen bedeutet, daß wir auf das Gaspedal unserer Entwicklung zum Menschsein treten.

Wir sind uns in tiefer Dankbarkeit der hingebungsvollen Arbeit aller Menschen bewußt, die Reiki weitergegeben und dafür gesorgt haben, daß die Quelle nicht versiegte, sondern zu einem großen Strom wurde. Ohne sie hätten wir dieses Buch nicht schreiben können. Und wir freuen uns, daß Reiki uns berührte und daß wir es in Achtung weitergeben dürfen.

Wir wünschen uns, mit dazu beizutragen, daß sich der Strom der Reiki-Energie in das Meer der Menschheit ergießt und daß die Kraft der Liebe immer mehr Menschen auf ihrem Weg zur ganzheitlichen Heilung begleitet. Es liegt uns sehr am Herzen, daß viele in den Genuß der Reiki-Kraft kommen und damit ein Menschenrecht im wahrsten Sinne des Wortes wahrnehmen: Die Universelle Lebenskraft ist das Geburtsrecht eines jeden.

Über dieses Buch

Dieses Buch ist in uns entstanden. Aus der anfänglichen Idee ein Buch zum Thema Reiki zu schreiben, entwickelte sich ein Wissen: Wir, die Autoren, und alle unsere Freunde, die uns unterstützend zur Seite standen, handeln als Werkzeug und im Auftrag von etwas, das größer ist als wir. Deutlich spürten wir die Inspiration von unseren spirituellen Meistern, aber daneben war da noch etwas, das wir gar nicht mehr benennen können. Wir können sagen, daß nur der geringste Teil dieses Buches von uns selbst ist, der weitaus gewichtigste Teil aber von uns sozusagen nur aufgeschrieben wurde.

Was ist Reiki?

In dem ersten Abschnitt wenden wir uns zunächst der Frage zu, was Reiki eigentlich ist. Nachdem wir uns den grundlegenden Qualitäten der Universellen Lebensenergie auf einer ganz allgemeinen Ebene genähert haben, zeigen wir, daß Reiki in seiner Einfachheit sowohl für sich allein als auch darüber hinaus als Ergänzung aller Arten von Wesen und Methoden inneren Wachstums für jeden Menschen hilfreich ist, der etwas für sich tun möchte.

Reiki wird heute immer noch mehr von Frauen als von Männern praktiziert. Das Vorbild der Frauen läßt uns hoffen, daß künftig auch mehr und mehr Männer durch Reiki ihre weiblichen oder Yin-Qualitäten zum Wohle aller entwickeln werden.

Die Reiki-Kraft wird durch eine Energieübertragung oder auch Einweihung weitergegeben. Wie das geschieht und welche positiven Auswirkungen diese Einweihung hat, ist Inhalt des folgenden Kapitels.

Daran anschließend beschreiben wir die grundlegenden Wirkungen einer Behandlung mit Reiki. Reiki selbst heilt nicht, schafft aber bestimmte Voraussetzungen für Heilung auf allen Ebenen. Diese sehr komplexen Zusammenhänge zwischen Reiki-Behandlung und Heilung sind Inhalt des vorletzten Abschnitts.

Reiki ist
Universelle Lebensenergie

Der Begriff »Reiki« wird in Japan benutzt, um alle Arten von Heiltätigkeit zu beschreiben, die mit Lebenskraft oder Lebensenergie arbeiten. Wenn wir in diesem Buch von Reiki sprechen, beziehen wir uns auf eine spezielle Art dieser Heilarbeit: auf das *Usui Shiko Ryoho,* das Usui-System natürlicher Heilung.

Die Bezeichnung »Reiki« – japanisch für »Universelle Lebensenergie« – wird heute in verschiedenen Bedeutungen verwendet: Reiki ist *ein Name* für die um und in uns fließende Lebensenergie, Reiki bezeichnet die *Fähigkeit,* Universelle Lebenskraft zu aktivieren, und Reiki steht für die *Form und Methode, der Vermittlung und Anwendung dieser Fähigkeit.*

Formal gesehen ist Reiki die Fähigkeit, Universelle Lebensenergie zu aktivieren, zu lenken und den jeweiligen Erfordernissen entsprechend anzuwenden, um Ausgewogenheit der Energien (wieder) herzustellen und um Heilung im ganzheitlichen Sinne zu fördern. Die Fähigkeit, Lebenskraft zu aktivieren, erweckt der Reiki-Lehrer oder die Reiki-Lehrerin durch die sogenannte Einweihung. Wie diese Kraft eingesetzt werden kann, lernt der Reiki-Schüler meist in einem Seminar.

Jedes Lebewesen hat eine mehr oder weniger starke Verbindung zu jener geheimnisvollen Quelle, aus der seine Lebenskraft entspringt. Diese Energie ist weder positiv noch negativ, weder Yang noch Yin, sondern läßt frei von Bedingungen jenseits dieser Qualitäten Leben geschehen.

Wie die moderne Physik inzwischen bestätigt, ist letztlich alles – auch das, was wir Materie nennen – Energie. Demnach gibt es so etwas wie einen festen physischen Körper gar nicht.

Alles, was wir sehen, was wir anfassen können, ist eigentlich nichts Festes, sondern reine Energie. Einzig unser »Geist«, unsere Vorstellung, sagt uns, daß sich die Materie, also auch unser Körper, aus soliden Bausteinen zusammensetzt. Das, woraus wir Menschen und natürlich auch alle anderen materiellen Phänomene bestehen, ist genau betrachtet aber nichts anderes als Energie – Lebensenergie. Man könnte folglich sagen, daß wir aus Lebensenergie bestehen, ja, daß wir Lebensenergie sind. Und je mehr wir Lebensenergie »sind«, desto mehr »leben« wir, desto präsenter, kraftvoller, liebevoller sind wir, desto mehr verwirklichen wir uns selbst.

Reiki ist Universelle Lebensenergie: Was heißt das?

Reiki ist die göttliche Energie, die alles durchdringt und die, je nachdem wo und wie sie aktiv ist, ganz unterschiedliche Wirkungen hervorbringt. Und obwohl die Wirkungen unendlich vielfältig sind, haben sie alle etwas gemeinsam: Sie fördern das Leben und sind damit Ausdruck göttlichen Wirkens. »Göttlich« meint hier das Unnennbare, das, was viele und doch keinen Namen hat, das, was die Materie beseelt.

Auf uns Menschen bezogen bedeutet das Förderung ureigenster Talente und kreativer Fähigkeiten. Die Reiki-Kraft erweckt und stärkt all das, was bereits als Anlage vorhanden ist. Reiki öffnet uns Türen zu unseren Begabungen. So kann sie den einen zum Heiler werden lassen, einen anderen auf den Weg der Meditation führen. Sie beflügelt den Pianisten, eröffnet kreativ Tätigen neue Horizonte des Schaffens oder hilft einem Menschen auch »nur« dabei, entspannter und sicherer Auto zu fahren oder mit sich selbst harmonischer umzugehen. Auch die Kraft, unseren Körper von innen her zu heilen, ist eine der natürlichen Fähigkeiten, die jeder Mensch besitzt. Insofern werden durch die Anwendung von Reiki tatsächlich auch körperliche Heilungsprozesse in Gang gesetzt.

Jeder Mensch, jedes Lebewesen verfügt über diese Universelle Lebensenergie. Sie ist uns von Geburt an mitgegeben. Durch die Reiki-Einweihung bekommt der Mensch einen verstärkten und bewußteren Zugang zu dieser Quelle des Lebens.

Wir werden im Laufe dieses Buchs immer wieder auf die Grundfrage »Was ist Reiki?« zurückkommen und sie aus unterschiedlichen Blickwinkeln und im Zusammenhang mit den verschiedenen Stadien des Reiki-Wegs beleuchten und vertiefen. Dabei sind wir uns bewußt, das auch diese Darstellung immer nur auf unserer persönlichen Wahrnehmung beruht, auf unserem geringen Verständnis dessen, was ist. Und wir wissen, daß Worte als Instrument des Verstandes niemals die ganze Wahrheit beschreiben können. Blaise Pascal sagte: »Das Herz hat eine Vernunft, die der Verstand nicht kennt.« Reiki können wir allenfalls mit dem Herzen begreifen – wie die Liebe. Wir hoffen allerdings, mit unseren Ausführungen das heute noch weit verbreitete Mißverständnis ausräumen zu können, daß Reiki nur eine alternative Heilmethode ist.

Reiki stellt dem Körper zusätzliche Lebenskraft zur Verfügung, die er nutzen kann, um Heilungsvorgänge einzuleiten oder zu beschleunigen. Selbstverständlich ist es auch möglich, daß ein Mensch durch die Anwendung der Reiki-Kraft zum Heiler wird – sofern er, wie gesagt, die entsprechenden Anlagen und Talente schon in dieses Leben mitgebracht hat. Es ist aber auch eine Expansion in *jede andere* aufbauende, belebende, kreative Richtung möglich.

Die Reiki-Einweihung macht also einen Menschen nicht notwendigerweise zu einem großen Heiler, zu einem erfolgreichen Geschäftsmann oder zu einem lichtvollen Wesen, wenn das nicht sowieso ein Schritt auf seinem spirituellen Weg ist. Reiki läßt einfach nur das Beste zum Vorschein kommen, vergrößert vorhandene Fähigkeiten und zeigt die Teile des Lebens auf, die noch nicht integriert sind.

Reiki ist gewissermaßen der Regen, der auf den schon vorbereiteten Boden fällt, so daß die Saat sprießen kann. Reiki wirkt auf die Weise und in dem Bereich, der für denjenigen, der Reiki erfährt, richtig ist. Das kann für den Christen eine intensivere Beziehung zu Gott bedeuten, für den Architekten eine neue Beziehung zu seinen Bauprojekten, für den Unternehmer eine liebevollere Beziehung zu seinen Mitarbeitern, für den Kranken eine ganzheitliche Erfahrung von Heilung und so weiter.

Das, was mit und durch Reiki geschehen kann, muß nicht unbedingt das sein, was man sich wünscht, was man erwartet oder gar vom Kopf her erzwingen möchte. Doch ist Reiki keine geheimnisvolle Macht, der man willenlos ausgeliefert ist. Im Gegenteil, wer Reiki nicht anwendet, für den geschieht – von den durch die Erweiterung der Kanäle ausgelösten inneren Reinigungs- und Entgiftungsvorgängen einmal abgesehen – überhaupt nichts. Auch hier gilt: Es gibt nichts Gutes, außer man tut es. Für den Menschen, der sich oft mit Reiki verbindet, bewirkt dieser Kontakt eine innere Entwicklung, die ihm ermöglicht, immer mehr zum Herrn seines eigenen Schicksals zu werden.

An dieser Stelle sei auf die Verbindung von Reiki und Meditation hingewiesen: Reiki ist ein stiller Weg. Wer Reiki anwendet, ist gehalten, still zu werden und dem zarten Fließen der Energie Raum zu geben. Dann – in einem Zustand wachen und bedingungslosen Präsentseins – kann Veränderung, kann Wachstum geschehen.

Reiki hat nichts zu tun mit Aktivität, mit Wollen, mit zielorientierter Einflußnahme. Im Gegenteil. Die Reiki-Kraft fließt vielmehr ohne unser Zutun. Fast könnte man sagen: Reiki fließt trotz uns. Diese Qualität echter Bescheidenheit kennenzulernen und das eigene Ego an den Rand zu stellen, diese Qualität ist es, die Meditation entstehen läßt. Reiki kann dem gestreßten westlichen Menschen eine wunderbare Brücke in ein meditativeres, bewußteres, intensiveres, in ein schöneres Leben bauen.

Kurzum: Reiki ist die unversiegbare Quelle allen Lebens, die unser kreatives Potential und unsere Fähigkeit bestimmt, Impulse aufzunehmen und daraus Neues entstehen zu lassen. Das heißt Heilung auf allen Ebenen: auf der körperlichen Ebene Wachstum und Fruchtbarkeit, auf der seelischen Ebene künstlerische Schaffenskraft, auf der Ebene des Verstandes Ideen- und Erfindungsreichtum und im Bereich des Bewußtseins Erkenntniszuwachs.

Für wen ist Reiki sinnvoll?

Leider gibt es immer mehr Menschen, die den Kontakt zu ihren Gefühlen verloren haben. Darüber hinaus zeigen sie auch oft nicht mehr die Bereitschaft, das Vorhandensein anderer Dimensionen jenseits der Wirklichkeit rationaler Betrachtung überhaupt für möglich zu halten. Welch ein hoher Preis für die prinzipiell wertvollen Errungenschaften unserer technisierten Welt!

Eine Bewußtseinsveränderung im Sinne einer neuen Balance zwischen Gefühl und Verstand, weiblich und männlich, Yin und Yang ist auf der ganzen Welt heute notwendig, um die vielfältigen politischen, wirtschaftlichen, ökologischen und medizinischen Probleme der Menschheit zu lösen. Die Tendenz zur Überbetonung männlich-rationalen Denkens und Handelns hat uns in die Sackgasse geführt und fordert nun Entwicklungsschritte in Richtung einer Rückbesinnung auf unsere weiblichen Gefühlsqualitäten. Wir sprechen hier nicht von feministischem Denken, sondern wir plädieren für mehr Ausgewogenheit von Yin und Yang nicht nur im einzelnen Menschen, sondern auch in unserer Gesellschaft.

In unserem durchorganisierten Leben mangelt es an der Fähigkeit, wieder den Sinn und Wert des Geschehenlassens zu erkennen, wieder in Kontakt zu kommen mit unserer Rezeptivität, der Empfänglichkeit auch für Kleinigkeiten, dem Weiblichen, dem Yin-Anteil in uns. Oft ist es der Alltagsstreß, der unsere Fähigkeit des Staunens, unsere ursprüngliche, reine und so herrlich erfrischende Daseinsfreude verschüttet hat. Viele Menschen verspüren eher Angst, wenn etwas ohne ihren Willen, ohne ihr Zutun geschieht.

Innere und äußere Harmonisierung und das Wiederfinden der Lebensfreude – all das kann in Gang kommen bereits durch die Einweihungen in den ersten Reiki-Grad und sich durch die Reiki-Praxis vertiefen.

Natürlich haben viele Männer in unserem Kulturkreis ein Gespür für ein ausgewogeneres Leben entwickelt und auch umgesetzt. Und doch ist das der kleinere Teil der Männer. Bislang waren es überwiegend Frauen, die durch die Reiki-Praxis diese Qualitäten in sich gefördert haben, was sich an der Geschlechterverteilung in Reiki-Seminaren leicht ablesen läßt. Wir glauben zudem, daß es auch weiterhin wohl eher die Frauen sein werden, die die Initiative ergreifen müssen, um weitere entscheidende Impulse auch für den männlichen Teil unserer Gesellschaft zu geben.

Den Zugang zu Universeller Lebensenergie für möglichst viele Menschen in allen Bevölkerungskreisen zu eröffnen, ist, neben anderen Wegen geistig-spirituellen Wachstums, wichtiger denn je. Und von wem sollte der Anstoß dazu kommen, wenn nicht von den Frauen? Von den Politikern der mit ach so vielen wichtigen Dingen beschäftigten Männerwelt sind solche Impulse im Augenblick nicht zu erwarten. Wir möchten deshalb alle Frauen ermutigen, in diese offensichtlich nötige Vorreiterrolle weiter mutig hineinzuwachsen.

Wir haben uns oft die Frage gestellt, ob es Menschen oder Situationen gibt, bei denen sich Reiki ungünstig auswirken könnte, entweder körperlich oder geistig oder auf andere Weise. Alle mit Reiki gemachten Erfahrungen zeigen jedoch ganz eindeutig, daß die der Universellen Lebensenergie innewohnende Eigenschaft, Leben auf eine geradezu intelligente Art und Weise zu fördern, sich immer günstig auswirkt. Wer allerdings sein ganz normales Menschsein verleugnet, wer zum Beispiel seine Sexualität verdrängt und dann mit Reiki »heilig« werden will, befindet sich auf dem Holzweg.

Wir kennen viele Wege, die uns Menschen helfen können, unser Leben besser und freudiger zu gestalten: eine erfüllende Arbeit, Körperübungen, Spaziergänge in freier Natur, Sport und Massage, verschiedenste Formen von Therapie, Yoga, Gebet, Meditation und mehr. Es gibt so viele verschiedene Wege, wie es Menschen gibt, weil jeder Mensch einzigartig ist und deshalb seinen eigenen, persönlichen Lebensstil finden muß.

»Der Namen Gottes sind viele, und unendlich die Gestalten, die uns hinleiten, ihn zu erkennen« (Ramakrishna).

Was hat Reiki mit alledem zu tun?

Wer leben will, muß atmen. Wer einen Weg gehen will, braucht dafür Energie – Lebensenergie. Reiki *ist* Universelle Lebensenergie, nicht gebunden an Glaubensvorstellungen oder Dogmen, nicht abhängig von Systemen oder Weltanschauungen. Aus diesem Grund kann Reiki jeden Menschen auf seinem einzigartigen Weg zur Verwirklichung eines ihm gemäßen Lebens unterstützen – in dem Maße, wie er selbst es zuläßt.

Darüber hinaus ergänzt Reiki alle uns bekannten Techniken körperlicher, geistiger und seelischer Heilung. Zum Beispiel wissen alle Körpertherapeuten, daß jedes persönliche emotionale Erlebnis im Körpergewebe gespeichert wird und Körperausdruck, Sensitivität, Spontaneität und Selbstvertrauen beeinflußt. Massage in jeder Form bietet hier eine wunderbare Möglichkeit, unser Lebensgefühl durch die Wiederherstellung des Gleichgewichts zwischen Spannung und Entspannung zu verbessern. Wieviel mehr vermag jedoch dann zu geschehen, wenn gleichzeitig die Reiki-Kraft durch die massierenden Hände fließt, und wenn darüber hinaus der Patient oder die Patientin selbst sich mit Reiki helfen kann, die durch die Massage ausgelösten körperlichen, gefühlsmäßigen und seelischen Vorgänge zu unterstützen!

Reiki ist sicherlich nicht das alleinseligmachende Allheilmittel. Was das Reiki-System jedoch ganz besonders auszeichnet, ist seine Einfachheit. Reiki ist schnell zu erlernen. Und was kann einfacher sein, als sich die Hände auf den Körper zu legen?

Der Zugang zur Reiki-Kraft durch die Einweihung

Wir als westliche Menschen akzeptieren normalerweise nur das, was wir in irgendeiner Weise logisch begreifen. Auch ist in uns der Glaube fest verwurzelt, daß wir alles lernen könnten, wenn wir uns nur genügend anstrengen würden. Ein Lernen ohne etwas dafür tun zu müssen, verweisen wir meist in das Land der Phantasie.

Wie das Leben selbst bleibt für uns auch Reiki trotz vieler Untersuchungen und Forschungen letztlich unbegreiflich. Und doch ist es eine Tatsache, daß es Leben gibt – und daß es Reiki gibt. Jeder Mensch kann dies selbst erfahren, indem er sich einfach einmal eine Reiki-Behandlung geben läßt. Reiki wirkt, und zwar immer in Richtung einer ganzheitlichen Gesundung, in Richtung Harmonie und Wachstum. Ebenso ist es eine Tatsache, daß man nicht lernen kann, Reiki fließen zu lassen, wenn man keine Reiki-Einweihung erhalten hat. Man muß auf die Reiki-Kraft eingestimmt sein. Ohne diese Voraussetzung bleiben alle Berührungen wirkungslos.

Nur eine Reiki-Lehrerin oder ein Reiki-Lehrer kann eine Verbindung zur Quelle des Reiki herstellen.

Andere Methoden sind zumindest uns nicht bekannt. Gleichwohl kennen wir Menschen, die Reiki oder Reiki-ähnliche Fähigkeiten haben, ohne jemals von einem Reiki-Meister eingeweiht worden zu sein. Darin zeigt sich für uns, wie natürlich und normal es eigentlich ist, in bewußtem Kontakt zur Universellen Lebensenergie zu stehen.

Für die Übertragung der Reiki-Kraft braucht der Empfänger nichts zu tun, außer innerlich offen zu sein und stillzusitzen. Die Übertragung, Einstimmung, Einweihung, Initiation oder wie auch immer der Vorgang in verschiedenen Kreisen genannt wird, geschieht einfach, während der Reiki-Lehrer ein bestimmtes Ritual durchführt.

Auch wenn die Initiation für uns eine ungewohnte Art des Lernens darstellt, ist die direkte energetische Übertragung von Fähigkeiten oder Eigenschaften durchaus nichts, was es nur im Reiki-System gibt. So kennen wir die Übertragung von Baraka bei den Sufis oder die Übertragung von Qi im QiGong, um nur zwei Beispiele zu nennen.

Je Reiki-Grad werden mehrere Einweihungen durchgeführt, die jeweils einige Minuten dauern. Die dazwischen liegenden Pausen dürfen nicht länger als ein Tag sein, der gesamte Einweihungszyklus nicht länger als drei Tage dauern.

Was geschieht bei der Einweihung?

Um es direkt zu sagen: Wir, die Autoren dieses Buchs, wissen es nicht – trotz der vielen Einweihungen, die wir bereits durchführen durften. Wir glauben, daß durch die Einweihungen zum 1. Grad bestehende energetische Bahnen erweitert oder gesäubert werden, so daß die Universelle Lebensenergie frei hindurchfließen kann. Darüber hinaus glauben wir, daß Schuldgefühle auf einer sehr tiefen, überpersönlichen Ebene aufgelöst werden, die uns vom direkten Kontakt mit der Universellen Lebensenergie abhalten. Diese Öffnung bewirkt positive körperliche und geistige Veränderungen, die sich im Laufe der Zeit einstellen. Vor dem Hintergrund der Theorie der morphischen Felder (Rupert Sheldrake) könnte der Einweihungsvorgang auch als das Herstellen einer Resonanz- oder Ähnlichkeitsbeziehung zum Feld der Universellen Lebensenergie interpretiert werden. Wer sich über diese physikalischen Zusammenhänge näher informieren möchte, sollte sich mit der einschlägigen wissenschaftlichen Literatur befassen.

Was wir allerdings sicher wissen, ist, *daß* die Übertragung geschieht. Wenn Einweihungen von ausgebildeten Reiki-Lehrern mit den traditionellen Ritualen, Symbolen und Mantras ausgeführt werden, kann es keine fehlgeschlagenen Einweihungen geben, denn es ist nicht der Reiki-Lehrer, der die Einweihung vornimmt. Er stellt nur den Kontakt zur Quelle der Universellen Lebensenergie her und dient als Kanal für die Kraft. Alles andere wird von »oben« bewirkt.

Ist die Einweihung einmal vollzogen, bleibt die Fähigkeit, Reiki fließen zu lassen, für das ganze Leben erhalten. Auch in diesem Sinn ist Reiki ein echtes Geschenk.

Jeder Mensch bekommt durch die Einweihung die folgenden Eigenschaften und Fähigkeiten:

- *Er wird ein Kanal für Reiki.* Durch Auflegen der Hände kann er Reiki jederzeit durch sich hindurch zum Empfänger fließen lassen oder sich selbst Reiki geben.
- *Seine Sensibilität für feinstoffliche Energien steigert sich.* Insbesondere in den Händen sind mit der Zeit ganz neue Empfindungen wahrzunehmen.
- *Durch die Reiki-Verbindung fließt nur Universelle Lebensenergie.* Weder geht persönliche Energie auf den Empfänger über, noch wird dem in Reiki Eingeweihten persönliche Energie abgezogen. Darüber hinaus verhindert dieser Schutz, daß unbewußte disharmonische Strukturen den Empfänger beeinflussen.
- *Er wird gegen den Zufluß von disharmonischen Energien des Empfängers geschützt.* Diese Eigenschaft des in Reiki Eingeweihten verhindert, daß disharmonische Strukturen des Empfängers über die Reiki-Verbindung auf ihn übergehen.

Diese vier grundsätzlichen Reiki-Fähigkeiten oder Reiki-Eigenschaften sind bei jedem Menschen gleich. Die körperlichen und geistigen Auswirkungen der Einweihung drücken sich allerdings jeweils anders aus. Die Einweihung selbst ist ein ganz auf den Empfänger persönlich bezogener Vorgang inneren Wachstums. Jeder Mensch erlebt ihn auf seine ganz eigene Weise.

Wird jemand in einen Reiki-Grad eingeweiht, ist anschließend immer mit einer Zeit der körperlich-geistig-seelischen Umstellung zu rechnen. Diese innere Reinigung sollte unterstützt und gefördert werden, indem sich die oder der Eingeweihte täglich eine Reiki-Behandlung gönnt. Diese Zeit der Reinigung und Läuterung, wie sie in Reiki-Kreisen manchmal genannt wird, wirkt nicht nur auf der körperlichen Ebene; in Wahrheit machen die dort sichtbaren Symptome den geringsten Teil der Wirkung aus. Die eigentlichen Reinigungsprozesse finden in der Gesamtpersönlichkeit und damit im Leben statt.

Allgemeine Auswirkungen der Reiki-Behandlung

Mit der Einweihung wurden die Fähigkeiten vermittelt, sich selbst und anderen Menschen Reiki geben zu können. Der Zugang zur Universellen Lebensenergie steht jetzt jederzeit offen. Man braucht nichts dafür zu tun, ja man braucht es noch nicht einmal bewußt zu wollen. Reiki beginnt zu fließen, sobald die Aufmerksamkeit auf die Universelle Lebensenergie gerichtet wird.

Obwohl es durchaus möglich ist, die Fähigkeiten des 1. Grades zur Heilung anderer einzusetzen, betrachten wir den 1. Grad in erster Linie als Hilfe zur Selbsthilfe. Die Reiki-Selbstbehandlung wirkt wie eine Reiki-Sitzung, die man von jemand anderem bekommt.

Bevor wir eine allgemeine Beschreibung der Wirkung einer Reiki-Behandlung geben, möchten wir noch eine ganz wichtige Tatsache hervorheben: Wieviel oder wie stark Reiki über die Hände strömt, kann mit den Fähigkeiten des 1. Grades nicht beeinflußt werden. Denn Reiki wird nicht gegeben. Der Empfänger zieht sich die Universelle Lebensenergie durch den Reiki-Kanal ein und bestimmt so ganz allein, wieviel Reiki von ihm gerade aufgenommen und verarbeitet werden kann. Über den Grad der Aufnahmefähigkeit hat der Empfänger normalerweise keine bewußte Kontrolle.

Deshalb ist eine Reiki-Behandlung keine »Behandlung« im herkömmlichen Sinne, sondern eher so etwas wie ein » sich zur Verfügung stellen«, eher ein »sich hingeben« als ein tun.

Reiki setzt sich aus sich gegenseitig verstärkenden Einzel-
wirkungen zusammen:

- Tiefenentspannung,
- Lösung von Energieblockaden,
- Entgiftung,
- Zufuhr von Lebensenergie,
- Anhebung der Schwingungsfrequenz.

Diese Aufzählung erklärt jedoch nicht das, was Reiki zu etwas
ganz Besonderem macht: die ihr innewohnende Intelligenz
und Weisheit, die nur Wirkungen entstehen läßt, die sowohl
für den Gebenden als auch für den Empfänger im ganzheitlichen Sinn positiv und heilend sind. Reiki strömt durch das
Herz. Reiki ist eine Kraft der Liebe, nicht eine erobernde Kraft
kämpferischer Natur. Deshalb bestimmt immer der Empfänger, wieviel Heilung er gerade »vertragen« kann. *Und deshalb
kann mit einer Reiki-Behandlung niemals etwas falsch gemacht werden.*
   Die beschriebenen Wirkungen gelten mehr oder weniger
für die Person, die eine Reiki-Behandlung bekommt. Der Reiki-Kanal, also der Behandelnde, profitiert darüber hinaus auf
seine ganz eigene Weise bei jeder Behandlung.
   Durch den Kontakt mit der Universellen Lebensenergie
finden tiefgreifende Veränderungen in der Fähigkeit zu lieben
statt. Reiki strömt durch den Scheitel in das Herzzentrum des
Behandlers und von dort über dessen Hände zum Empfänger.
Dabei nimmt das Herzzentrum des Behandlers immer etwas
von der Lebensenergie auf. Wird die Aufmerksamkeit durch
wiederholte Behandlungen immer wieder auf das Herzzentrum gerichtet, fördert Reiki eine Entwicklung hin zu Liebe,
Angstfreiheit, Wahrheit, Vertrauen und Erkenntnis. Man
sieht nur mit dem Herzen gut. Um diese Wirkungen zu erzie-

len, ist es lediglich notwendig, durch bewußte Aufmerksamkeit daran mitzuarbeiten. Anders als bei anderen Behandlungsmethoden bekommt also derjenige, der Reiki gibt, immer auch etwas zurück.

Um auch unserem stets forschenden und nach Erklärungen dürstenden Verstand eine Möglichkeit zu geben, die heilende Kraft des Reiki akzeptieren zu können, sei hier noch ein Erklärungsmodell angefügt, mit dem die ganzheitlich-positive Wirkung des Reiki durch die Anhebung der Schwingungsfrequenz begründet wird.

Wir haben bereits erwähnt, daß alles Energie oder Schwingung ist, auch die scheinbar feste Materie, aus der unsere physischen Körper und das Universum bestehen. Das wurde seit Jahrtausenden von vielen spirituellen Meistern gelehrt, und in neuester Zeit bestätigen es auch die Erkenntnisse von Quantenphysik und anderen Wissenschaften, die die Grenzbereiche der Materie untersuchen. Materie hat eine niedrige Schwingungsfrequenz. Je feinstofflicher etwas ist (zum Beispiel Aura, Geist, Seele), desto höher wird die Frequenz. Wenn man diesen Gedanken fortführt, könnte man sagen, daß die Schwingungsfrequenz Gottes, der Einheit oder »Dessen, was ist« beliebig groß ist. Eine Anhebung der Schwingungsfrequenz, wie sie durch Reiki bewirkt wird, dehnt unser Bewußtsein in Richtung der Erkenntnis der Einheit allen Seins aus. Anders gesagt: Wir kommen näher zu Gott. Und was könnte heilsamer sein?

Reiki und die Heilung
von Krankheiten

Immer wieder wurde Reiki hauptsächlich als eine Heilkraft dargestellt. Manchmal geschah das leider in einer so überzogenen, völlig unrealistischen Weise, daß Ärzte und Heilpraktiker aus gutem Grund entschiedene Abwehr gezeigt haben, wenn ihnen derartig mystisch verbrämte Fehleinschätzungen zu Ohren kamen. Die Universelle Lebensenergie, Reiki, mit dem Etikett »Energie zur Heilung des Körpers« zu versehen, wird ihr in keiner Weise gerecht, wie wir in den vorausgegangenen Abschnitten dargelegt haben und wie dies insbesondere in der Beschreibung der einzelnen Reiki-Grade noch klarer werden wird.

Es ist wichtig zu verstehen, daß die Reiki-Kraft selbst nicht heilt. Die Heilung des physischen Körpers ist eine *Folge* der Reiki-Praxis, sie kann im Zusammenhang mit der ganzheitlichen Gesundung und Harmonisierung gar nicht ausbleiben! Die sinnvolle Anwendung sowohl der Methoden und Erkenntnisse moderner medizinischer Wissenschaft als auch der sogenannten alternativen Heilkünste sind unserer Meinung nach in der heutigen Zeit unabdingbare Voraussetzungen, Gesundheit herzustellen und zu erhalten.

Heilung ist allerdings ein ganzheitlicher Vorgang. Er beinhaltet geistige, seelische und körperliche Ausgleichsprozesse, die alle miteinander in Wechselwirkung stehen. Darüber hinaus gibt es Einflüsse überindividueller Art: Einflüsse, die zum Beispiel mit dem kollektiven Unbewußten zusammenhängen oder, im Rahmen der Lehre von der Wiedergeburt, mit karmischer Schuld aus anderen Leben. Es ist unmöglich, die vielfältigen Wirkfaktoren vollständig erfassen zu wollen.

Es mag auch sein, daß eine Krankheit im Interesse eines allumfassenden geistigen Wachstums für einen bestimmten Menschen notwendig ist, ja sogar, daß sich ein Mensch eine Krankheit überhaupt erst erschafft, um durch sie zu bestimmten Erkenntnissen zu kommen und Beschränkungen loslassen zu lernen. Zu diesem Thema gibt es mittlerweile eine stattliche Literaturauswahl.

Die heutige Schulmedizin lehnt diese Erklärungen weitgehend ab. Aber auch für Ärzte ist es eine anerkannte Tatsache, daß die wichtigste Voraussetzung zur Heilung darin besteht, daß der Patient überhaupt gesund werden *will*. Und die moderne Psychologie hat erkannt, daß die Ebene, auf der die Entscheidung für oder gegen eine Heilung gefällt wird, dem bewußten Verstand normalerweise nicht zugänglich ist. Das heißt: Obwohl ein Mensch sagt, daß er gesund werden will, kann ganz tief in seinem Unterbewußtsein ein Bedürfnis nach Krankheit verborgen sein, das eine Heilung verhindert. Im 2. Reiki-Grad werden Techniken vermittelt, mit denen das Unterbewußtsein »beeinflußt« werden kann. Aber auch diese Techniken setzen voraus, daß eine Heilungsblockade zunächst einmal als solche erkannt wird.

Wenn wir uns diese Zusammenhänge ins Bewußtsein führen, dann wird sofort einsichtig, daß die Frage, ob Reiki alle Krankheiten heilt, zumindest für den Kontext einer einzelnen menschlichen Lebensspanne falsch gestellt ist. Der Reiki-Meister Walter Lübeck schreibt in seinem *Reiki-Handbuch:* »Reiki, das ist kurz gesagt tiefe Entspannung, hervorgerufen durch den verstärkten Kontakt mit der göttlichen Energie.« Diese Entspannung oder dieser Spannungsausgleich muß auf sehr vielen Ebenen stattfinden, um eine wirkliche Heilung auszulösen. Daß dieser Spannungsausgleich stattfindet, ist sicher. Wir wissen nur nicht, wie viele Ebenen bis zu einer Heilung harmonisiert und integriert werden müssen.

Wir verzichten ganz bewußt darauf, an dieser Stelle die vielen Heilerfolge aufzuzeigen, die im Zusammenhang mit der Reiki-Praxis nachweislich eingetreten sind. Uns kommt es im Gegenteil darauf an zu zeigen, daß die Heilung des Körpers immer nur im Zusammenhang mit der Heilung von Geist und Seele geschieht. Reiki wie ein Aspirin zur Vertreibung von Kopfschmerzen benutzen zu wollen, wird der Größe dieses Gottesgeschenks nicht gerecht und verkennt die unglaublichen Möglichkeiten dieses Instruments. Das sollte aber niemanden davon abhalten, sich die Hände aufzulegen oder aufzulegen zu lassen, wenn er an Kopfschmerzen leidet.

Reiki und Religion

Das Bedürfnis des Menschen nach einem Halt, wie ihn eine Religion vermitteln kann, ist bis heute groß geblieben. Reiki kann und will diesen religiösen inneren Halt aber nicht ersetzen. Das Reich Gottes ist in uns selbst, heißt es in der Bibel. Genau dort, tief in unserem eigenen Inneren, soll und kann es erlebt werden.

Reiki ist nichts, woran jemand glauben muß, damit es wirkt. Die Reiki-Kraft ist für alle auf einer körperlichen Ebene direkt erfahrbar. Reiki ist keine Religion und will auch von niemandem dazu gemacht werden. Mit Hilfe von Reiki vermag jeder Mensch völlig selbständig auf seine individuelle Entdeckungsreise zu gehen. In diesem Sinn kann Reiki auch den Weg zur Religiosität und Spiritualität ebnen.

Die Vermittlung des Reiki-Wissens im Wandel der Zeit

In diesem Kapitel beleuchten wir die historische Entwicklung des Reiki von den Ursprüngen über die Entstehung der großen Reiki-Organisationen bis zur heutigen Zeit. Zur Wiederentdeckung des Reiki durch Dr. Usui sind uns zwei verschiedene überlieferte Darstellungen bekannt, die wir gegenüberstellen. Anschließend versuchen wir die Unterschiede, Vor- und Nachteile von Einzeleinweihungen und Reiki-Seminaren darzulegen und wenden uns dann der Frage zu, den richtigen Reiki-Lehrer zu finden.

Im Zusammenhang mit der Vermittlung des Reiki-Wissens ist das Thema Geld oft Gegenstand von Diskussionen, weshalb wir aus unserer Sicht schließlich dazu Stellung beziehen und Anregungen geben möchten.

Von der Geheimwissenschaft zur Massenbewegung

Reiki als die Fähigkeit, Universelle Lebensenergie bewußt fließen zu lassen, kann nur auf dem Weg einer Energieübertragung vom Reiki-Meister/Lehrer zum Schüler weitergegeben werden.

Das Wissen, wie diese Heilkräfte weitergegeben werden können, war bis in die achtziger Jahre hinein nur einigen wenigen Reiki-Lehrern vorbehalten. Dank der Hilfe großer Reiki-Meister und ihrer Organisationen wurde dieses Wissen bis heute nicht nur erhalten, sondern auch in einem begrenzten und dadurch vor Verfälschungen sicheren Rahmen weitergegeben.

Menschen die Fähigkeit zu übertragen, andere Menschen zu Reiki-Lehrern zu machen, das heißt, ihnen zu ermöglichen, Reiki selbst in vollem Umfang weiterzugeben, war ursprünglich nur den einundzwanzig sogenannten Großmeistern vorbehalten. Erst Ende der achtziger Jahre gab Großmeisterin Phyllis Lei Furumoto dieses bis dahin geheimgehaltene Wissen offiziell frei. Seitdem wächst die Anzahl der sogenannten freien Reiki-Lehrer ständig an.

Die historische Entwicklung bis heute

Reiki wurde von Dr. Mikao Usui *wiederentdeckt,* wie die spätere Großmeisterin Frau Hawayo Takata ihren Schülern mündlich mitteilte. Wir können demnach davon ausgehen, daß es Reiki schon vor Dr. Usui gegeben hat. So existiert zum Beispiel im tibetischen Buddhismus eine Heiltechnik, die im Westen *Medicine Buddha* genannt wird. Sie beinhaltet das

Auflegen der Hände ähnlich wie im Reiki und die Fähigkeit, mit dieser Technik zu heilen, die wie im Reiki durch eine Energieübertragung vom Lehrer zum Schüler weitergegeben wird.

Die Überlieferungen lassen es plausibel erscheinen, daß Reiki eine buddhistisch-tibetische Technik gewesen ist, die irgendwann in Vergessenheit geriet – vielleicht, weil der damalige Meister seine Fähigkeiten nicht mehr rechtzeitig vor seinem Tod an einen Schüler weitergegeben hat.

Wer sich vertiefend mit den buddhistischen Heil-Sutras und ihren Hintergründen beschäftigen möchte, dem sei das Buch *Der heilende Buddha* von Raoul Birnbaum empfohlen.

Wie die Ursprünge des Reiki auch aussehen mögen, Tatsache ist, daß Dr. Usui gegen Ende des neunzehnten Jahrhunderts begann, mit Reiki zu arbeiten. Um das Leben von Dr. Usui und seine (Wieder-)Entdeckung des Reiki ranken sich verschiedene Geschichten. Welche historisch die richtige ist, kann heute niemand mit Sicherheit sagen, da es keine schriftlichen Aufzeichnungen gibt. Alle diesbezüglichen Informationen übermittelte Frau Takata ihren Schülern nur mündlich.

Auch wir wollen die Geschichte des Reiki zunächst so vorstellen, wie sie uns von unseren Reiki-Lehrern erzählt wurde:

Dr. Mikao Usui war Direktor an einer christlichen Schule in Kyoto, die Missionare ausbildete. Eines Tages wurde er von seinen Schülern gefragt, warum zur Missionarsausbildung nicht auch das Heilen gehöre. Es sei doch überliefert, daß einige Heilige – wie auch früher Jesus – durch Handauflegen heilten. Dr. Usui war die Antwort auf diese Frage so wichtig, daß er sein Amt niederlegte und begann, nach tieferem Wissen über den Gebrauch von heilenden Energien zu forschen.

Zunächst begab er sich nach Amerika. Nachdem er dort nicht das fand, was er suchte, kehrte er nach Japan zurück, wo er sich intensiv mit den japanischen und chinesischen Schriftzeichen beschäftigte. Dort erlernte er auch die alte indische Sprache Sanskrit.

In alten Sanskrit-Rollen aus tibetischen Klöstern entdeckte er schließlich nach langen Jahren erfolgloser Suche Hinweise darauf, wie die Universelle Lebensenergie zu Heilzwecken aktiviert und gelenkt werden kann. Dr. Usui wußte jedoch nicht, wie er die dazu notwendige höhere Energieebene erreichen konnte. So begann er sich einer Art Vorbereitung oder Prüfung zum Erlangen höherer Weihen zu unterziehen. Er begab sich auf einen Berg und fastete dort einundzwanzig Tage. Er meditierte, las in den Sutras und wartete auf ein Zeichen. Am letzten Tag vor Sonnenaufgang sah er ein Licht, das sich schnell auf ihn zubewegte und in seine Stirn einfloß. Er war überwältigt, hatte das Gefühl, sich aufzulösen, zu sterben, und er verlor vorübergehend sein Zeitgefühl. Wenig später erblickte er ein großes weißes Licht, in dem er die Sanskrit-Zeichen, die er entdeckt hatte, golden aufleuchten sah. Ihm wurde klar, daß er diese nun endlich selbst aktivieren konnte.

Als Dr. Usui später zu sich kam, war es schon heller Tag. Voller Freude und Begeisterung lief er so schnell er konnte den Berg hinunter und verletzte sich dabei an einem Stein einen Zeh. Er setzte sich und hielt den schmerzenden Zeh mit den Händen, wobei er eine pulsierende Energie wahrnahm. Bald darauf ließ der Schmerz nach, und die Wunde hörte überraschend schnell auf zu bluten. Die Kraft, die er nach langer Fastenzeit in sich fühlte, und die schnelle Heilung kamen ihm wie ein Wunder vor.

In einem Gasthaus, in dem er dann schließlich einkehrte, servierte ein Mädchen mit verbundenem Kopf. Sie litt an starken Zahnschmerzen. Kurze Zeit nachdem Dr. Usui ihr die Hände aufgelegt hatte, waren die Schmerzen abgeklungen.

Schließlich verschwanden sie restlos. Das war für ihn das dritte Wunder.

Nachdem er in sein Kloster zurückgekehrt war, sprach er mit dem damaligen Abt, berichtete ihm von seinen Erlebnissen und legte ihm auf seine schmerzenden arthritischen Knie die Hände auf. Der Abt spürte schon nach einigen Minuten eine Linderung und bald gar keine Schmerzen mehr. Auch fühlte er sich voller Energie. Das war für Dr. Usui die letzte Bestätigung, daß ihm das geschenkt worden war, wonach er gesucht hatte.

Am nächsten Tag ging er zu den Bettlern Kyotos und begann sie zu behandeln, um ihnen zu helfen, ein neues Leben zu beginnen. In der Folgezeit mußte er jedoch immer wieder feststellen, daß Menschen, die bereits geheilt waren, noch immer herumlungerten oder nach einiger Zeit das Bettlerleben wieder aufnahmen. Sie erklärten ihm, daß Betteln eben viel einfacher sei, als zu arbeiten, und daß ihnen das Leben als Bettler vertrauter wäre. Dr. Usui wurde die Notwendigkeit deutlich, über das Auflegen der Hände hinaus auch eine neue geistige Haltung zu vermitteln. Er erkannte, daß er versäumt hatte, seine Patienten Dankbarkeit zu lehren und ihnen klarzumachen, daß sein Wirken einen Wert darstellte.

Während einer Meditation bekam Dr. Usui eine weitere Eingebung über die Ideale des Reiki, die er in Form von *fünf Lebensregeln des Reiki* niederlegte. Darüber hinaus traf er die Entscheidung, daß das Geben von Reiki mit einer entsprechenden Gegengabe beantwortet werden soll. Es sollte zukünftig immer ein Austausch von Energie, in welcher Form auch immer, vereinbart werden.

Dr. Usui begann, Vorträge zu halten, Reiki zu lehren und schließlich einige fortgeschrittene Schüler einzuweihen. Unter ihnen war Dr. Chujiro Hayashi, der bis 1940 eine eigene private Klinik in Tokio führte.

Diese christlich angehauchte Version der Geschichte über die (Wieder-)Entdeckung des Reiki durch Dr. Usui hält jedoch Nachprüfungen nicht stand, da weder eine christliche Schule noch eine Universität in Japan nachweisbar ist, an der Dr. Usui Dekan war. Auch ließ sich eine Universität in Amerika, an der Dr. Usui angeblich studiert hatte, nicht ermitteln. Es ist wahrscheinlich, daß Großmeisterin Takata nach ihrer Rückkehr nach Hawaii die Geschichte des Dr. Usui den dort herrschenden Verhältnissen angepaßt hat, um leichter Zugang zu den westlich orientierten Menschen zu finden.

Eine andere und wahrscheinlichere Version der Geschichte beginnt damit, daß Dr. Usui Mitte des neunzehnten Jahrhunderts in Japan geboren wurde und sich schon in seiner Jugend für das Leben Buddhas interessierte.

Er war beeindruckt von Buddhas Suche nach Erleuchtung, obwohl dieser als Königssohn in extremem Reichtum aufwuchs. Dr. Usui war auch fasziniert von dem festen Wunsch Buddhas, anderen zu helfen, und von den ungewöhnlichen metaphysischen und heilerischen Fähigkeiten, die Buddha nach seiner Erleuchtung erlangte. Dr. Usui stellte zudem fest, daß etliche der Schüler Buddhas ebenfalls Heilfähigkeiten entwickelten, indem sie den Belehrungen folgten.

Dr. Usui sah, daß viele Menschen seiner Umgebung nicht glücklich oder produktiv leben konnten, weil sie oft krank oder gar behindert waren. Er empfand Mitgefühl für diese Menschen und fragte sich, ob es nicht auch für ihn selbst möglich sein würde, auf einem ähnlichen Weg wie Buddha die Fähigkeit zur Heilung physischer Krankheiten zu erlangen. Nachdem er eine Weile darüber nachgedacht hatte, kam er zu der Erkenntnis, daß etwas, das in der Vergangenheit möglich war, auch in der Gegenwart realisierbar sein müßte. Und so begab er sich auf die Suche.

Er begann mit buddhistischen Lehrern und Mönchen über

das Thema Heilung zu sprechen. Es schien so, als ob die Fähigkeit, körperliche Leiden zu heilen, entweder als eine geheime Technik nur einigen wenigen weitergegeben wurde oder daß sie durch irgendeine Form von Mißbrauch verlorengegangen war.

Dr. Usui reiste durch Japan und studierte in mehreren buddhistischen Tempeln. Auf seine Fragen nach der Heilkunst bekam er von den Äbten und Mönchen immer wieder die Antwort, daß jene besondere Fähigkeit, den physischen Körper zu heilen, lange vergessen sei. Ein Grund dafür war, daß der Schwerpunkt der buddhistischen Lehre auf der Schulung des Geistes lag. Die Buddhisten glaubten, daß die spirituelle Vervollkommnung wichtiger sei als die Heilung körperlicher Gebrechen. Dr. Usui erhielt aber trotzdem die Erlaubnis, in allen Tempeln die dort gehüteten heiligen Schriften zu studieren.

Während seiner Reisen lernte er den Abt eines Zen-Klosters kennen, der ihn einlud, einige Zeit zu bleiben und zu lernen. Der Abt war ebenfalls an der Frage körperlicher Heilung interessiert und unterstützte Dr. Usui bei seiner Suche. Um die heiligen Schriften in der Originalsprache lesen zu können, lernte Dr. Usui Chinesisch und Sanskrit. In indischen Sutras entdeckte er schließlich eine Anleitung, wie mit höheren Kräften, die eine Heilung erlauben würden, in Berührung zu kommen sei. Obwohl er die lange gesuchte Information endlich gefunden hatte, nützte sie ihm nichts, denn die Kenntnis der Technik gab ihm noch nicht die Fähigkeit zu heilen.

Nach einem Gespräch mit dem Abt mußte er einsehen, daß er jetzt einfach nichts mehr lernen oder studieren konnte, um die Heilkräfte zu erlangen. Das einzige, was ihm jetzt noch übrigblieb, war, den Inhalt der Sutras zu praktizieren. So reiste er zum heiligen Berg von Kori-Yama, um zu fasten, zu meditieren und den Anweisungen der Sutras zu folgen.

Er stieg zum Gipfel auf und legte dort einundzwanzig Steine vor sich hin, von denen er jeden Tag einen entfernte. Nachdem er am einundzwanzigsten Tag den letzten Stein weggeworfen hatte und immer noch keine Heilkräfte in sich spürte, wollte er den Abstieg beginnen. Es war der dunkelste Moment der Nacht, kurz bevor die Dämmerung einsetzte.

Als er sich aufrichtete und sinnend den Horizont betrachtete, sah er plötzlich einen Lichtpunkt auf sich zukommen. Er spürte, daß das Licht ein Bewußtsein hatte und daß es zu ihm sprach. Er wußte plötzlich, daß dieses Licht die Heilkräfte besaß, nach denen er gesucht hatte. Er erkannte auch, daß er sich in diesem Licht hingeben mußte, um das empfangen zu können, was das Licht ihm zu geben versprach. Ihm wurde aber auch mitgeteilt, daß das Licht so mächtig sei, daß es ihn durch seine Berührung töten könnte. Es lag nun an ihm, zu wählen. Würde er das Leben riskieren, um das Wissen zu empfangen, nach dem er so lange gesucht hatte? Er entschied, daß die Fähigkeit, Kranke zu heilen, für ihn so bedeutend war, daß er dafür das Leben riskieren wollte.

Der Lichtstrahl traf ihn auf die Stirn, und er wurde ohnmächtig. Während er aus seinem physischen Körper austrat, erschienen ihm wunderschöne, mit Farben gefüllte Lichtblasen, in denen Symbole aufleuchteten. Während er die Symbole betrachtete, empfing er eine Einstimmung für jedes der Symbole und das Wissen darüber, wie es anzuwenden ist. So wurde er in die Reiki-Heilkraft eingeweiht.

Dr. Usui praktizierte und lehrte Reiki in Japan für den Rest seines Lebens. Er weihte bis 1930 sechzehn Reiki-Lehrer ein, unter ihnen Dr. Chujiro Hayashi.

Großmeistertum, traditionelle
Reiki-Vereinigungen und freie Reiki-Lehrer

Frau Hawayo Takata wurde 1936 in Japan in den 1. und 2. Grad eingeweiht und erhielt den Meistergrad 1938 von Dr. Chujiro Hayashi. Seit 1938 lebte sie auf Hawaii. Sie weihte zweiundzwanzig Reiki-Großmeister ein, wovon sich einige später zu der Organisation A.I.R.A. (American International Reiki Association) und einige zu der Organisation Alliance lose zusammenschlossen.

Ende der achtziger Jahre wurde das Großmeistertum (das einigen wenigen vorbehaltene Einweihen von Reiki-Meistern/Lehrern) offiziell von Großmeisterin Phyllis Lei Furumoto aufgelöst und das Einweihen von Reiki-Lehrern in die Hände aller Reiki-Lehrer selbst gelegt. In diesem Zusammenhang soll Frau Furumoto auch einige junge Reiki-Lehrer nachgeschult und Unsicherheiten im Einweihungsritual und in den Symbolen, die sich im Laufe der Jahrzehnte durch die rein mündliche Weitervermittlung eingeschlichen hatten, beseitigt haben.

Seitdem wurden viele freie Reiki-Lehrer und -Lehrerinnen ausgebildet, die die ursprünglichen Einweihungsrituale und Symbole lehren und praktizieren, ohne in einer Dachorganisation zusammengeschlossen zu sein. Damit ergab sich auch im Laufe der Zeit eine von den traditionellen Reiki-Organisationen abweichende Preisgestaltung.

In der amerikanischen Reiki-Zeitung *Reiki News* berichtete im Frühling 1992 der amerikanische Reiki-Lehrer William L. Rand über ein Treffen mit der Großmeisterin Phyllis Lei Furumoto. Frau Furumoto betonte in diesem Gespräch, daß ihrer Beobachtung zufolge viele Reiki-Lehrer und Reiki-Praktizierende ein zu großes Gewicht auf Einweihungslinien, Zertifikate und die Mitgliedschaft in der »richtigen« Organisation

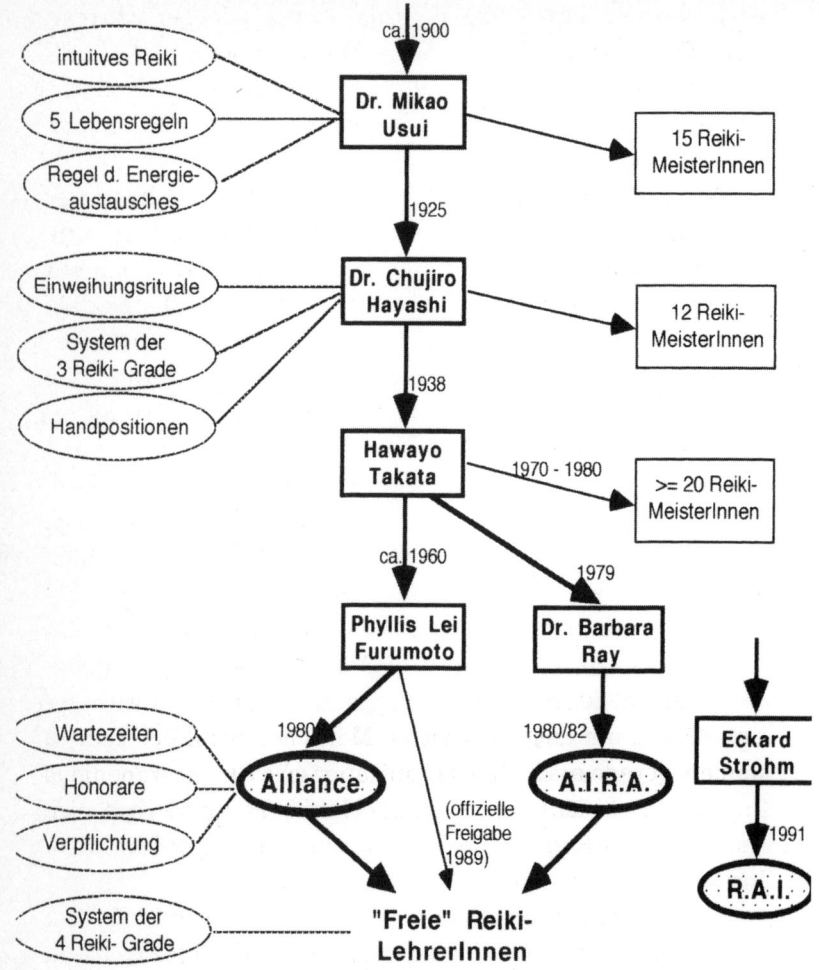

Usui Shiko Ryoho – Das Usui-System der natürlichen Heilung:

Aus der intuitiv praktizierten Methode des Dr. Usui entwickelte sich im Laufe der Jahre ein mehr oder weniger organisiertes und strukturiertes System sowie verschiedene Organisationen und Zusammenschlüsse. Erst seit Ende der 80er Jahre gibt es offiziell Reiki-LehrerInnen, die keiner Organisation angehören.

legen würden. Die einzig wichtige Frage sei aber, ob man selbst fühle, daß man eine innere Verbindung zu Reiki habe. Darüber hinaus stellte sie klar, daß der Titel »Reiki-Großmeisterin« nur ein Titel sei, der nicht mit besonderen Fähigkeiten in bezug auf Reiki verbunden ist.

Frau Furumoto führte weiterhin aus, daß aufgrund der Hinzufügungen von Dr. Hayashi, Frau Takata und der Organisation Alliance aus dem Usui-System heute sehr viel mehr geworden sei, als Dr. Usui während seines mystischen Erlebnisses als Eingebung erhalten habe. Darüber hinaus integrierten viele Reiki-Lehrer Inhalte anderen Ursprungs in ihre Reiki-Seminare, so daß heute niemand mehr sagen könne, was das ursprüngliche Reiki-System sei.

Dr. Usui hat offenbar auf eine sehr viel intuitivere, einfachere und flexiblere Weise Reiki gelehrt. Reiki wirkt demnach auch ohne die Urkunde auf Büttenpapier und ohne einen Großmeisterstempel. Eine Rebellion gegen überzogene Organisationsstrukturen war und ist wohl unvermeidlich. Je größer das Angebot wird, desto vielfältiger werden die Wachstumsmöglichkeiten. Reiki wächst immer weiter und wird immer offener, um möglichst vielen Menschen behilflich sein zu können, gerade auch ohne organisatorische Strukturen, die ja Dr. Usui gar nicht beabsichtigte. Reiki lebt und paßt sich laufend den Erfordernissen der Zeit an, auch dem beginnenden Wassermannzeitalter.

Dr. Usui gab der Welt Reiki-Kraft in die Hände. Er bot jedem einzelnen die Möglichkeit, auf unkomplizierte Weise zu lernen, zu wachsen und der Quelle des Seins näher zu kommen. Reiki ist Energie, und Energie ist Freude. Reiki ist Leben, Liebe und Kraft. Deshalb sind Entstehungsgeschichten, Hierarchien, Linien, Organisationen, Titel und Schulen letztlich unwichtig, denn es geht um den Geist dieser Universellen Lebensenergie – hier und jetzt für alle von uns.

Reiki-Seminare und Reiki-Lehrer

Die bisher am weitesten verbreitete Praxis ist, Reiki-Einweihungen in den 1. und 2. Grad im Rahmen eines Seminars vorzunehmen. Für viele Menschen ist das der beste Weg, sich transzendenten Erfahrungen oder energetischen Phänomenen in der Wärme, Sicherheit und Geborgenheit einer Gruppe Gleichgesinnter zu nähern.

Unserer Meinung nach sollte aber noch viel mehr als bisher die Möglichkeit genutzt werden, die Einweihungen in Form einer Einzelsitzung durch einen Reiki-Lehrer oder eine Reiki-Lehrerin zu erhalten. So kann auf individuelle Bedürfnisse, Fragen und auch auf eventuelle Problembereiche ungleich intensiver eingegangen werden, als es in einem Seminar mit bis zu zwanzig oder gar noch mehr Teilnehmern möglich ist. Darüber hinaus sind die terminliche und örtliche Flexibilität und der insgesamt geringere Zeitaufwand Faktoren, die eine Reiki-Einweihung auch für Menschen möglich machen, die sehr eingebunden sind.

Vielen Menschen fällt es schwer, sich innerhalb einer Gruppe Unbekannter zu öffnen. Gerade diesem Personenkreis sollte künftig unbedingt die Möglichkeit offenstehen, die Einweihungen ganz privat durch einen Reiki-Lehrer zu empfangen. Andererseits gibt es viele Menschen, für die es zunächst ein zu großer Schritt ist, mehrere Stunden allein in einem Raum mit ihrem Reiki-Lehrer oder ihrer Reiki-Lehrerin zu verbringen und dabei auch noch vier Energieübertragungen nacheinander zu bekommen. Hier bietet sich die Möglichkeit, in Kleingruppen von zwei oder drei befreundeten Menschen und/oder in den eigenen vier Wänden die Einweihung zu empfangen.

Die Frage, welcher Reiki-Lehrer oder welche Reiki-Lehrerin für einen selbst geeignet ist, sollte sich jeder mit Ruhe und Gelassenheit stellen. Wir können aus unserer Erfahrung sagen, daß immer genau die Menschen in unser Leben getreten sind, die im Moment richtig für uns waren. Warum sollte es bei Ihnen anders sein?

Die neuerliche, weitere Öffnung des Reiki hat es mit sich gebracht, daß die Zahl der Reiki-Lehrer ständig ansteigt. Im Sinne einer Verbreitung des Reiki ist das absolut zu begrüßen. Doch kommt es dadurch gleichzeitig zu einem völlig unnötigen Konkurrenzdruck der Reiki-Lehrer untereinander.

Für die Reiki-Schüler wiederum ist es zwar schön zu wissen, ganz gelassen die Wahl des Reiki-Lehrers treffen zu können, aber rein finanzielle Erwägungen sollten dabei nicht die entscheidende Rolle spielen. Sympathie und ein Draht zueinander sind viel wichtiger. So ist es durchaus vorzuziehen, lieber eine längere Anfahrt, vielleicht sogar höhere Kosten in Kauf zu nehmen, als der Bequemlichkeit halber zum Reiki-Lehrer an der Ecke zu gehen. Dann ist es ziemlich wahrscheinlich, daß nur Sympathie den Reiki-Prozeß trägt. Die Wahl des Reiki-Lehrers oder der Reiki-Lehrerin sollte also nach der Stimme des Herzens getroffen werden. Das gilt vor allem für diejenigen Reiki-Schüler, die den Wunsch verspüren, später selbst als Reiki-Lehrer zu arbeiten. Es ist empfehlenswert, für die Wahl des Reiki-Lehrers den Rat von Freunden einzuholen oder mit mehreren in Frage kommenden Reiki-Lehrern telefonisch in Kontakt zu treten.

In Ruhe eine gute Wahl zu treffen ist auch deshalb so wichtig, weil im Laufe des Reiki-Prozesses der Lehrer oder die Lehrerin nicht gewechselt werden sollte. Es ist bei aller aktiven Einflußnahme seitens des Reiki-Schülers nämlich kein Zufall, wer zu wem geht und wer wen begleitet. Gerade hierbei wirkt das Gesetz der Affinität in besonderem Maße. Wir empfehlen den Reiki-Schülern, ihren Reiki-Lehrer nur in wirklich begründeten Fällen zu wechseln. Persönliche Verbindungen auf der Basis einer energetischen Arbeit tragen die große Gelegenheit zu persönlichem Wachstum in sich. Ein spirituelles Konsumverhalten würde dieses Wachstum mit Sicherheit bremsen oder von vornherein beschneiden.

Es ist selbstverständlich, daß der Reiki-Lehrer seinen Schülern zur Verfügung steht, wenn sich diese mit Fragen an ihn wenden, die im Laufe des Reiki-Prozesses auftreten können, besonders in der Zeit der inneren Reinigung nach den Einweihungen. Allerdings sollte der Reiki-Schüler nun auch ein höheres Maß an Eigenverantwortung für sich akzeptieren.

Je weniger der Reiki-Lehrer seine Lehrerposition betont und je weniger der Reiki-Schüler den Lehrer idealisiert, und dabei sich selbst klein macht, um so eher wird das Verhältnis freundschaftlich sein. Doch eines sollte in diesem Zusammenhang klar sein: Der Reiki-Lehrer konnte vielleicht viele Probleme bereits lösen, mit denen sich ein Schüler des 1. Grades herumplagt. Dafür hat er aber sicher noch andere – seine nämlich. Reiki-Lehrer sein heißt nicht, über allen Alltagsproblemen zu stehen. Es bedeutet nur, daß man ein Stück eines Weges bereits gegangen ist, der noch vor dem Reiki-Schüler liegt.

Das Verhältnis von Lehrer und Schüler kann viel mehr sein als Lehren und Lernen. Es kann ein *gegenseitiges* Geben und Nehmen sein. Und welcher Reiki-Lehrer hat nicht schon einmal das Gefühl gehabt, von seinem Schüler viel mehr gelernt zu haben, als er ihm an Reiki-Wissen vermitteln konnte.

In vielen Fällen ist aus einer ersten Begegnung von Reiki-Lehrer und Reiki-Schüler eine tiefe persönliche Freundschaft geworden. Und das Schöne ist, daß Freundschaft Ängste abbaut und Barrieren niederreißt. Letzten Endes sitzen wir alle in einem Boot.

Reiki und Geld – Der Energieaustausch im Wandel der Zeit

Die in den letzten Jahren zu beobachtende Öffnung des Reiki hat auch das ehemals recht feste Preisgefüge beeinflußt. Bis zum Ende der achtziger Jahre fühlten sich mehr oder weniger alle Reiki-Lehrer einer der großen Reiki-Organisationen zugehörig, und die Honorare für die Weitergabe der verschiedenen Grade wurden in einer Art stillschweigender Übereinkunft übernommen, so daß der Status quo aufrechterhalten blieb und »Reiki überall das gleiche kostete«.

Die Zahl der freien Reiki-Lehrer nimmt heute weiter zu. Unter ihnen gibt es immer mehr, die sich auch in ihrer Preisgestaltung frei fühlen und die die Preise für ihre Seminare und Einweihungen deutlich senken, was vor allem bei den teureren Graden dazu beiträgt, die Reiki-Fähigkeiten für mehr Menschen erschwinglich zu machen.

Von außen betrachtet könnte nun leicht der Eindruck entstehen, daß Reiki durch die Freigabe der Seminarpreise und Honorare zu einem Gut geworden ist, das den Gesetzen der freien Marktwirtschaft unterliegt und wie ein Fernseher oder ein Kühlschrank gehandelt wird: Kaufe ich mir Reiki bei dieser Lehrerin, oder ist Reiki in der nächsten Stadt billiger zu haben? Aber eine solche Denkweise ist hier unangebracht, denn Reiki ist nicht käuflich!

Wie wir schon ganz zu Beginn feststellten, ist Reiki ein Geburtsrecht jedes Menschen, und ein Geburtsrecht kann man nicht kaufen. Im Kapitel »Was ist Reiki?« haben wir versucht, deutlich zu machen, daß jeder Mensch Universelle Lebensenergie ist. So gesehen tut ein Reiki-Lehrer durch die Einweihung nichts anderes, als uns wieder daran zu erinnern und uns diese Tatsache bewußter fühlen und empfinden zu lassen. Aber warum sollte jemand für etwas, das ihm sowieso gehört, ja, das er ist, Geld bezahlen? Reiki, Universelle Lebensenergie, gibt es umsonst. Für Reiki zahlt ein Schüler oder eine Schülerin nicht einen Pfennig.

Das Geld für ein Reiki-Seminar oder eine Einzeleinweihung ist der Austausch für die persönliche Energie, den Einsatz und die Zeit des Lehrers oder der Lehrerin. Und damit ist hier nicht nur die reine Seminardauer gemeint. Vor- und Nachbereitungen, Organisation, An- und Abreise, Werbung, Fortbildung und Erfahrungsaustausch sind nur einige der Tätigkeiten, in die ein Reiki-Lehrer oder eine Reiki-Lehrerin Zeit und Geld investieren muß, damit überhaupt ein Seminar stattfinden kann.

Die Technik, mit der die Reiki-Fähigkeit übertragen wird, ist einfach. Schwierig ist die oft jahre- oder jahrzehntelange Arbeit an sich selbst, die manch ein Reiki-Lehrer und manch eine Reiki-Lehrerin zu dem gemacht haben, was sie heute sind, eine Arbeit, die meist schon lange vor der Bekanntschaft mit Reiki begonnen wurde. Jedoch ist es gar nicht unbedingt erforderlich, einen solchen Weg gegangen zu sein, um Reiki übertragen zu können. Das Übertragungsritual ist – wie gesagt – einfach und schnell zu lernen. Richtig ausgeführt funktioniert es auf jeden Fall, sozusagen trotz des Menschen, der es ausführt. Nicht so einfach ist es dagegen, den Geist des Reiki weiterzugeben, mit Liebe im Herzen und zu den Menschen. Das gilt auch für die Aufgabe, über Reiki hinausgehend, aufgrund eigener Lebens- und Lernerfahrungen und kraft der eigenen Persönlichkeit den Schülern und Schülerinnen wirklich behilflich zu sein.

Das Entgelt, das ein Reiki-Lehrer oder eine Reiki-Lehrerin verlangt, ist so betrachtet auch ein Ausdruck der eigenen Wertschätzung. Wir sind geprägt von einer Gesellschaft, in der Geld und Wertschätzung in einen engen Zusammenhang gebracht werden. Und in dieser Gesellschaft ist es vollkommen vernünftig, für eine Leistung eine entsprechende Gegenleistung in Geld zu verlangen. Damit sagen wir nicht, daß ein niedriger Preis immer mit einer niedrigen Selbsteinschätzung einhergehen muß. Die wahrhaft großen Meister haben niemals Geld genommen, waren niemals käuflich. Bescheidenheit und Demut können sich auch darin äußern, daß wenig oder sogar nichts dafür genommen wird, die Reiki-Kraft weiterzugeben zu dürfen, wenn es im Einzelfall so stimmt.

Die flexible Preisgestaltung stellt heute jeden Reiki-Lehrer und jede Reiki-Lehrerin vor die Aufgabe, sich darüber klar zu werden, was sie für die Zeit, in der sie Reiki weitergeben, an Gegenleistung verlangen wollen. Heute kann sich niemand mehr hinter festgelegten Preistabellen verstecken. Welch eine Gelegenheit zu persönlichem Wachstum!

Aber auch die Menschen, die spüren, daß für sie die Zeit gekommen ist, sich in einen Reiki-Grad einweihen zu lassen, haben jetzt die Chance, sich schon vor der eigentlichen Einweihung aktiv damit auseinanderzusetzen, wieviel ihnen die Nutzung der Möglichkeiten und Chancen des Reiki für ihr weiteres Leben wert ist.

Die Preisdifferenzen für den 1. Grad sind im allgemeinen nicht hoch. Jemand, der noch nicht mit Reiki in Berührung gekommen ist, steht also nicht vor dem Problem, sich über den Wert einer Fähigkeit Gedanken machen zu müssen, die er noch gar nicht hat. Für ihn lautet die Frage nur: Will ich den geforderten Betrag riskieren, um eine Chance wahrzunehmen, mein Leben zu bereichern?

Die Preisunterschiede für den 2., 3. und den 4. Grad sind zur Zeit allerdings erheblich. Jeder, der bereits einige Zeit die Möglichkeiten des 1. Grades genutzt hat, wird ein Gefühl dafür entwickelt haben, daß der Wert des Reiki nicht beziffert werden kann. Reiki ist einfach eines der wenigen Geschenke, die wir im Laufe unseres Lebens erhalten und die so wertvoll sind, daß Geld niemals einen Gegenwert dafür bieten kann, ähnlich dem Geschenk, von jemandem geliebt zu werden. Es ist deshalb eigentlich völlig unerheblich, ob und wieviel Geld wir dafür ausgeben. Ein billiger Reiki-Grad ist nicht weniger wert als ein teurer.

Es gibt also keine für jeden gültigen »richtigen« Preise. Die Flexibilität der Preisgestaltung bringt neues Leben in die Reiki-Bewegung. Und Reiki ist Leben. Mit dieser Öffnung vom mehr oder weniger kartellartigen System der Preisabsprache hin zum freien System ist ein weiterer Schritt getan, Reiki noch mehr Menschen zugänglich zu machen.

Das Reiki-System
im Überblick

Bevor wir uns jedem der vier Reiki-Grade detailliert zuwenden, wollen wir in diesem Kapitel einen komprimierten Überblick über das Reiki-System geben.

Fünf Lebensweisheiten, die von Dr. Usui aufgestellt worden sind, runden das System ab und bilden eine Art Orientierungshilfe für jeden Reiki-Praktizierenden. Im folgenden werden diese Regeln einzeln erläutert. Wir stützen uns dabei auf die Ausführungen des japanischen Reiki-Lehrers Arjava Kobajashi Sensei.

Die Reiki-Grade

Das aus der Usui-Methode entstandene Reiki-System umfaßt vier aufeinander aufbauende Grade; einige Reiki-Lehrer fassen den 3. und 4. Grad zum Lehrer/Meister-Grad zusammen. Jeder Grad ist in sich vollständig und abgeschlossen.

1. Grad

Mit der Einweihung wird die Möglichkeit vermittelt, sich jederzeit mit Reiki verbinden zu können: Grundlegende Hinweise zur Nutzung der Reiki-Kraft für sich und andere, Grund- und Zusatzpositionen, das Gesetz des Energieaustauschs, die Lebensweisheiten.

2. Grad

Einweihung in drei Symbole, die die Reiki-Anwendung unabhängig von Raum und Zeit möglich machen: verschiedene Techniken der Symbolanwendung, Fern-Reiki und Mentalbehandlung. Der Reiki-Fluß verstärkt sich wesentlich.

3. Grad (auch 3a)

Einweihung in das sogenannte Meistersymbol: Tun wird zum Nicht-Tun. Der Kreis des Reiki schließt sich.

4. Grad (auch 3b)

Lehrer- oder Meister-Grad: Das Wissen wird vermittelt, wie die Energieaktivierungen durchzuführen sind.

Der Reiki-Lehrer Walter Lübeck schrieb 1992 in der Zeitschrift Esotera sehr treffend: »Um von Anfang an Mißverständnissen vorzubeugen: Das System der drei Reiki-Grade ist nicht gleichbedeutend mit einem System ansteigender persönlicher Weisheit, die durch die Einweihungen vermittelt wird. Es gibt Menschen mit dem dritten Reiki-Grad (Meister/Lehrer), die sehr von Angst, Macht, Gier etc. gesteuert werden, und solche, die etwas besser mit ihrem Menschsein umzugehen gelernt haben. Ein Titel sagt nie etwas über die Reife der Persönlichkeit eines Menschen aus, und ein gut funktionierender ›Werkzeugkasten‹, wie er durch das Reiki-System mit seinen Einweihungen an prinzipiell jeden Menschen übergeben werden kann, bedeutet nicht, daß sein Besitzer gleichzeitig weise oder überhaupt sinnvoll damit umzugehen versteht. Weisheit, Selbsterkenntnis und sinnvoller Umgang mit den zur Verfügung stehenden Mitteln setzt immer, auch in bezug auf Reiki, ernsthafte Beschäftigung mit sich, der Welt und Gott, nachhaltiges, logisch denkendes und sensibel fühlendes Engagement für den eigenen Wachstumsprozeß sowie eine gehörige Portion Wahrhaftigkeit voraus. Unter diesen Prämissen hat Reiki allerdings eine Menge zu bieten . . .«

Dem ist nichts hinzuzufügen.

Über die Energieübertragungen der einzelnen Grade hinaus lehrt das Usui-System des Reiki *fünf Lebensregeln* oder Lebensweisheiten, die von Dr. Usui aus eigener Erfahrung formuliert wurden. Diese Verhaltensgrundsätze, Affirmationen, Denkanstöße, Empfehlungen für sinnvolles Verhalten oder wie immer man sie auch nennen will, bilden zusammen mit dem *Gesetz des Energieaustauschs* eine Orientierung für ein persönliches Verhalten, durch das Reiki voll zur Wirkung kommen kann.

Die Reiki-Lebensweisheiten

Bevor wir die einzelnen Grade besprechen, wollen wir einige Bemerkungen vorausschicken, die für das ganze Reiki-System grundlegend wichtig sind. Es liegt uns ganz besonders am Herzen, bewußt zu machen, daß die vorteilhaften Wirkungen des Reiki durch unser eigenes Denken und Tun wesentlich beeinflußt werden können.

Mit der Einweihung zum 1. Grad treten wir in Resonanz zur Universellen Lebenskraft. Wir sind nun völlig frei darin, ob und wie wir diese Verbindung in unser Leben einbeziehen. Denjenigen, die sich einweihen lassen, nach Hause gehen und sich anderen Dingen zuwenden, ohne einen weiteren Gedanken an ihre neuen Fähigkeiten zu verschwenden, wird Reiki unter Umständen nicht viel nützen. Diejenigen, die ein Reiki-Seminar als eine weitere Erfahrung auf ihrer Liste von Kursen verbuchen, die man angeblich heutzutage besucht haben muß, um mitreden zu können, hätten ihr Geld besser in publikumswirksamere Aktionen investiert. Reiki ist ein stiller Weg, keine spektakuläre Angelegenheit.

Durch bewußte Verbindung mit der Universellen Lebenskraft wird der Raum geschaffen, in dem Reiki uns energetisch bei Veränderung, Heilung und Wachstum hilft. Diese Verbindung können wir uns mehrfach täglich gönnen oder auch nur, wenn wir gerade einmal wieder daran denken. Es gibt intensivere und weniger intensive Phasen. Die Reiki-Kraft steht immer zur Verfügung, auch wenn man Jahre nicht daran gedacht hat. Und es leuchtet ein, daß wirkliche Veränderungen nur geschehen werden, wenn wir bei der Sache bleiben. Erst die regelmäßige Anwendung, verbunden mit dem ernsthaften Wunsch, Licht in unseren Schatten zu bringen, läßt die volle Kraft von Reiki als Hilfe zur Selbsthilfe in unser Leben treten.

Dr. Usui machte am Anfang dieses Jahrhunderts zudem die Erfahrung, daß er seinen Patienten über das Geben von Reiki hinaus eine gewisse geistige Haltung zeigen mußte, damit der Heilungsvorgang auch dauerhaft anhielt. Diese geistige Haltung legte er in fünf Lebensregeln oder Lebensweisheiten nieder.

Wer sich in diese Lebensweisheiten vertieft, darüber nachdenkt, sie in sich wirken läßt, wird einen guten Teil dessen erfassen können, was mit dem Geist des Reiki gemeint ist. Und auch hier ist wieder der eigene Einsatz gefordert. Es macht keinen Sinn, die Sätze einfach nur zu lesen und auswendig zu lernen. Erst die praktische Umsetzung und intensive persönliche Auseinandersetzung mit den eigenen Reaktionen bewirkt in uns die Reifungsprozesse, die unser Leben von innen her verändern können.

Diese Lebensregeln sind heute in der einen oder anderen Form Bestandteil des 1. Reiki-Grades. Ihre Formulierung ist nicht mehr starr festgelegt, weil diese Orientierungshilfen im Laufe der Zeit den veränderten gesellschaftlichen und geistigen Umständen angepaßt wurden. Auch wurden von einigen Reiki-Lehrern neuere psychologische Erkenntnisse über die Wirkung von Affirmationen bei der Formulierung berücksichtigt. Die wesentlichen inhaltlichen Qualitäten sind, soweit uns bekannt ist, jedoch gleichgeblieben.

Die Überlieferung besagt, daß Dr. Usui einige Jahre nach seinem ersten großen mystischen Erlebnis während einer Meditation eine weitere Eingebung bekam, die ihn bewog, folgende Reiki-Lebensweisheiten niederzulegen und seinen Schülern und Patienten zu vermitteln:

- Gerade heute sei nicht ärgerlich.
- Gerade heute sorge dich nicht.
- Sei freundlich zu allen Wesen.
- Verdiene dein Brot ehrlich.
- Sei dankbar für die vielen Segnungen.

Hier noch ein Beispiel für eine neuere Version von zwei der Reiki-Lebensweisheiten, die nur positive Formulierungen enthalten:

- Gerade heute freue dich.
- Gerade heute erwarte das Beste.

Diese Lebensweisheiten sind keine Moralvorschriften im Sinne von Gut und Böse. Sie sind eher Denkansätze, die uns unsere Lebensweise immer wieder in Frage stellen lassen und uns erkennen lassen, was für uns ganz persönlich wichtig ist und wo wir uns selbst im Wege stehen.

Die bewußte Auseinandersetzung mit diesen Orientierungshilfen und deren Einbeziehung in das persönliche Leben und Erleben ist für den Reiki-Prozeß über alle Grade hinaus genauso unabdingbar wie die Einweihungen selbst. Dabei ist es vielleicht gar nicht so wichtig, welche Formulierungen im einzelnen gewählt werden. Es kommt vielmehr darauf an, die inhaltliche Qualität, die Essenz, zu begreifen und auf sein ganz persönliches Leben zu beziehen. Jeder Mensch, der sein Leben mit Reiki verändern möchte, sollte sich ruhig die Erfahrungen seines Reiki-Lehrers zunutze machen und sich zunächst an die Formulierungen halten, die er bei seiner Einweihung von ihm bekommen hat. Es spricht andererseits aber überhaupt nichts dagegen, auf der Basis dieser Formulierungen die Lebensregeln später in eigene Worte zu kleiden.

Wir selbst haben die Erfahrung gemacht, daß wir uns in der

ganz alltäglichen Hektik des Lebens öfter an diese Weisheiten erinnern müssen. Für uns Autoren ist es eine große Hilfe, die Lebensregeln öfter schriftlich vor Augen zu haben. Wir haben sie deshalb auf ein Kärtchen geschrieben und an einer Stelle unserer Wohnung plaziert, wo unser Blick immer wieder einmal darauf fällt.

Anmerkungen zu den Lebensweisheiten

Mit freundlicher Genehmigung von Arjava Kobajashi Sensei, Sapporo, haben wir die folgenden Erläuterungen zu den Lebensweisheiten aus dem Englischen übersetzt.

Gerade heute sei nicht ärgerlich

Am Ärger gibt es nichts Falsches, aber er deutet darauf hin, daß man versucht, gegen den natürlichen Strom der Ereignisse zu schwimmen. Wenn der Ärger an unserer Tür anklopft, ist es am besten, dieses Gefühl anzuerkennen und zu beobachten. Indem wir das tun, löst er sich auf – für immer. Ist die Identifikation mit unseren Emotionen einmal gebrochen, sind die Flammen gelöscht.

Gerade heute sorge dich nicht

Wir halten uns vom Ganzen getrennt, um eine Art von Besonderheit zu erlangen – weil wir eben nicht anders fühlen können. Wir machen uns Sorgen darum, daß sich die Dinge in eine andere Richtung entwickeln könnten, als wir es erwarten, wobei wir nur unseren eigenen Vorteil im Auge haben. Der Grund unserer Sorgen und Ängste ist die Furcht vor dem einzigen in unserer Existenz, dessen wir uns wirklich sicher sein können: Veränderung. Wir tendieren dazu, andere und den Rest der Welt als Konkurrenten oder sogar als Feinde zu betrachten, statt sie als Schwestern und Brüder auf dem gemeinsamen Weg anzusehen. Dabei vergessen wir, daß das Universum eins ist und daß nur unser Ego alles in Stücke zerteilt.

Sei freundlich zu allen Wesen

Es gibt keine Hierarchien in der Existenz – außer denen, die von Menschen gemacht werden. Die Auswirkungen zeigen sich in Umweltzerstörung, globaler Erwärmung der Erdatmosphäre, nicht enden wollenden Kriegen; die Liste läßt sich beliebig fortsetzen und bricht einem das Herz. Wenn wir uns all das, was uns umgibt, durch unser liebendes Herz anschauen, verwandelt sich die Welt wieder in ein atemberaubendes Wunderland, das von Liebe getragen ist.

Natürlich bezieht sich diese Aufforderung genauso auf unser Inneres. Freundlichkeit allen Wesen gegenüber schließt nämlich auch uns selbst ein; es sollte sogar so geschehen, daß nur wir selbst der Ausgangspunkt sind, von dem wir unsere Reise der Liebe beginnen. In allen Zeiten haben spirituelle Meister ihren Körper wertgeschätzt – sehr zur Verwirrung ihrer Mitmenschen. Wenn wir die Dinge allerdings auf die oben beschriebene Weise betrachten, ist jene Haltung überhaupt nicht verwunderlich.

Verdiene dein Brot ehrlich

Es ist wieder unser Ego, das glaubt, sich durch Unehrlichkeit Vorteile verschaffen zu können. Vom Ganzen getrennt, versucht es, die Dinge zu seinem Vorteil und vielleicht sogar zum Nachteil anderer zu manipulieren. Die Dualität oder die Illusion, in der Qualität leben zu müssen, fordert ihren Tribut. Wenn der andere jedoch erst einmal mit tiefster Intensität wahrgenommen wird, lösen sich die eingebildeten Grenzen auf, und was übrigbleibt, ist, daß man sich selbst im Spiegel des anderen sieht. Ehrlichkeit ist also kein nach außen gerichteter Wert, sondern ein innerer Zustand von Liebe und Herzlichkeit. Wenn Ehrlichkeit nur aus Angst und Schuldgefühlen heraus entsteht, dann ist sie absolut wertlos und keine Qualität an sich.

Es gibt eine alte Zen-Geschichte, die den Kern dieser Lebensregel anschaulich macht: Zwei Mönche begegnen an einem Flußufer einer Frau, die sie bittet, sie hinüberzutragen. Nachdem sich die beiden Mönche am anderen Flußufer von ihr getrennt haben, fragt der eine Mönch den anderen, ob er denn keine Gewissensbisse spüre, weil er eine Frau berührt habe. Der Mönch gibt zur Antwort: »Ich habe sie am Fluß zurückgelassen, aber du trägst sie noch immer!«

Bewußtheit reinigt alle Handlungen.

Sei dankbar für die vielen Segnungen

Wir wissen alle, wie schwer es ist, jede Erfahrung jedesmal mit neuen Augen zu sehen, und wie magisch andererseits die ewigen Augenblicke sind, wenn wir das zufällig einmal tun. Wenn wir unsere Umgebung bewußt wertschätzen – angefangen bei unserem Partner bis zu den kleinsten Grashalmen, auf die wir jeden Tag treten –, können wir unseren eigenen Platz in diesem wundervollen Märchen des Lebens wiederfinden. Das sogenannte Gute und Böse ist in allem enthalten.

Der 1. Reiki-Grad:
Das Wiederentdecken
der Universellen
Lebensenergie

Das Verständnis von Reiki als Hilfe zur Selbsthilfe und die Einladung, Reiki mit meditativem Erleben zu verbinden, bilden die Grundlagen des Kapitels über den 1. Reiki-Grad.

Zunächst werden die wesentlichen Inhalte dargestellt, die – über die Einweihung hinaus – in Seminaren zum 1. Reiki-Grad normalerweise vermittelt werden. Die sogenannten Reiki-Grundpositionen und die Reiki-Ganzbehandlung werden danach erläutert. Einer Beschreibung der jeweiligen Anwendungszusammenhänge folgt eine Auswahl von Kombinationen zur gezielten Behandlung. Informationen zur Chakra-Arbeit mit Reiki-Techniken ergänzen die Anwendungshinweise.

Rituale regen das Unbewußte in uns zur Mithilfe an. Vor den Empfehlungen für den Ablauf von Reiki-Behandlungen wird das Wesen und die Bedeutung von Ritualen im Zusammenhang mit dem Reiki-Heilungsvorgang besprochen.

Im Anschluß daran wenden wir uns einigen Wachstumsprozessen zu, die unserer Erfahrung nach durch den 1. Reiki-Grad ausgelöst und gefördert werden können. Diese Geschenke erhält jeder Mensch, der in den 1. Reiki-Grad eingeweiht wurde und bereit ist, loszulassen und mitzuwirken. Wer jedoch schnelle Resultate erzwingen will, wird vielleicht enttäuscht werden.

Was beinhaltet der 1. Reiki-Grad?

Vor allem die Menschen, die von sich behaupten, mit beiden Beinen fest auf der Erde zu stehen, können mit dem 1. Reiki-Grad erfahren, daß es doch noch Dinge gibt, die über ihren bisherigen Erfahrungshorizont hinausreichen. Sie erleben, daß sie nicht an Reiki glauben müssen, sondern daß es die Universelle Lebensenergie wirklich gibt. Viele Menschen fühlen die Reiki-Kraft unmittelbar nach der Einweihung, manche erst nach ein paar Stunden, Tagen oder sogar Monaten.

Im 1. Reiki-Grad wird der Schüler oder die Schülerin in normalerweise vier Einweihungen mit der Universellen Lebensenergie verbunden. Die Einstimmungen dürfen höchstens einen Tag auseinanderliegen, können aber, je nach persönlicher Disposition von Lehrer und Schüler, durchaus auch im Abstand von fünfzehn bis dreißig Minuten vorgenommen werden, so daß eine Einweihung in den 1. Grad rein technisch in eineinhalb bis zwei Stunden möglich ist.

Mit der Einweihung steht Reiki für das weitere Leben jederzeit zur Verfügung. Das Auflegen der Hände oder auch nur der Gedanke daran bringt Reiki zum Fließen.

Zum Inhalt der Kurse zum 1. Grad gehören darüber hinaus Empfehlungen für die Anwendung bei sich selbst und bei anderen, insbesondere die Unterweisung in eine Abfolge von Handhaltungen (Grund- und Zusatzpositionen), in die Technik des Chakra-Ausgleichs und eventuell in die Behandlung von Tieren und Pflanzen. Zusätzlich werden Hinweise auf die anschießende Zeit der inneren Reinigung gegeben und unterstützende Maßnahmen empfohlen. Da unser Unterbewußtsein eine wichtige Rolle bei allen Heilungsprozessen spielt, werden auch bestimmte Rituale gelehrt, die vom Händewaschen bis zu Gebeten reichen können.

Über diesen mehr technischen Teil hinaus werden die Schüler und Schülerinnen mit dem Geist des Reiki bekannt gemacht. Die Tatsache, daß niemand Reiki »geben« kann, lehrt eine Haltung der Bescheidenheit. Mit der Einweihung sind wir zu einem Reiki-Kanal geworden. Wir können aber nicht beeinflussen, wieviel Reiki der Empfänger durch uns bekommt. Ganz allein der Empfänger bestimmt (im allgemeinen auf einer unbewußten Ebene), wieviel an Heilungsenergie für ihn gerade richtig ist. Wir haben darauf keinen Einfluß.

Mit den Reiki-Lebensregeln schließlich wird ein Fundament gelegt, auf dem Lehrer und Schüler sich weiterentwickeln können. Die Lebensregeln bilden eine Orientierung für Verhalten und Bewußtsein, in deren Rahmen die Reiki-Kraft besonders segensreich wirken kann.

Hinweise auf körperliche und geistige Übungen sowie Meditationsanleitungen runden das vermittelte Wissen oft ab. Dieser letzte Teil geht jedoch über die Reiki-Lehre hinaus und ist sehr von der Persönlichkeit und Vorbildung sowie den Intentionen des Lehrers abhängig.

Schwerpunkt des 1. Grades ist die Hinwendung zur eigenen körperlichen Ebene. Die Ausübung der Grundpositionen und die Beschäftigung mit den Lebensregeln können die Schüler und Schülerinnen des 1. Grades insbesondere erfahren lassen, daß es wichtig und darüber hinaus sehr schön ist, sich regelmäßig und liebevoll Zeit für die eigene Entwicklung zu gönnen.

Grundpositionen
und Ganzbehandlung

Seit der Steinzeit legt sich der Mensch die Hand auf die Wange, wenn er Zahnschmerzen hat. Die Mutter legt dem Kind, das an Bauchschmerzen leidet, die Hände auf den Leib, und der streßgeplagte Berufstätige hält sich die Stirn, wenn ihn Kopfschmerzen plagen. Hier wirkt ein Wissen, das aus Intuition und Erfahrung entstanden ist.

Der menschliche Körper umfaßt eine Vielzahl komplexer Systeme, die auf vielen verschiedenen (Energie-)Ebenen in Wechselwirkung stehen. Ein punktueller Eingriff in den Energiehaushalt wirkt deshalb immer auf den ganzen Menschen.

Diese ganzheitliche Wirkung verstärkt sich überproportional, wenn im Rahmen einer Behandlung bestimmten Körperstellen Reiki zur Verfügung gestellt wird.

Erfahrungen, die Reiki-Anwender gemacht haben, lehrten, daß das Auflegen der Hände an bestimmten Körperstellen und in einer festgelegten Reihenfolge besonders wirksam ist. Diese Haltungen der Hände nennt man *Grundpositionen*. Werden alle Grundpositionen ausgeführt, sprechen wir von einer *Ganzbehandlung*. Insbesondere während der sich an die Einweihung anschließenden einundzwanzig Tage der inneren Reinigung sollte sich jeder Reiki-Schüler möglichst täglich für eine solche Ganzbehandlung Zeit nehmen. Es empfiehlt sich, während dieser Phase möglichst viel Wasser (nicht Bier, Kaffee, Tee oder Cola) zu trinken, um die Entgiftungsvorgänge auf der körperlichen Ebene zu unterstützen. Um auch im geistig-seelischen Bereich die möglichen Veränderungen bewußt miterleben, verarbeiten und fördern zu können, hat es sich als hilfreich erwiesen, zumindest während dieser Zeit ein Tagebuch zu führen.

Die hier angegebenen Grundpositionen sind sicher nicht die einzig möglichen oder einzig richtigen. In ihrer Gesamtheit und Wechselwirkung gewährleisten sie aber auf jeden Fall eine vollständige Ganzbehandlung. Einige Reiki-Lehrer lehren siebzehn und mehr Grundpositionen. Wenn zuwenig Zeit zur Verfügung steht, können die Grundpositionen durchaus auf zwei oder drei Sitzungen verteilt werden. Alle Positionen werden zunächst mit geschlossenen Fingern ausgeführt.

Nach einiger Zeit der Praxis verselbständigt sich die Positionsabfolge erfahrungsgemäß. Es wird intuitiv erspürt, welche dieser oder welche anderen Positionen im jeweiligen Fall angebracht sind.

Die Grundpositionen sollten jeweils etwa fünf Minuten in der angegebenen Reihenfolge ausgeführt werden. Bei der Ausführung aller Positionen werden gleichzeitig die Meridiane, die wir aus der Akupunktur oder Akupressur kennen, stimuliert, so daß sich die Wirkung über die behandelten Körperteile hinaus ausdehnt. Zu den Grundpositionen können jederzeit Zusatz- oder Sonderpositionen in die Ganzbehandlung mit aufgenommen werden.

Reiki fließt, indem wir unsere Hände auf oder über den Körper halten. Das ist alles. Die entspannende und heilende Wirkung können wir jedoch zusätzlich aktiv unterstützen, indem wir unsere Gedanken beruhigen. Da das leichter gesagt als getan ist, stellen wir im folgenden eine Methode vor, die einfach ist und darüber hinaus noch weitere positive Auswirkungen auf unseren Gesamtzustand hat.

Gedanken kommen und gehen. Wir haben darauf keinen direkten Einfluß. Am einfachsten können wir Sorgen, Ärger und andere störende Gedanken und Gefühle loslassen, wenn wir uns auf etwas Positives konzentrieren. Wenn wir uns die

Hände auflegen, geben wir dem zarten Fließen der Energie in uns Raum. In diesen Raum hinein schicken wir, ausgehend von unseren Augen, ein dankbares inneres Lächeln. Mit diesem Lächeln zeigen wir unseren Organen und Körperregionen unsere Dankbarkeit dafür, daß unser Körper uns die Möglichkeit gibt, überhaupt im Hier und Jetzt zu existieren, und daß wir ihn dafür lieben. Wir stellen uns zugleich vor, daß jede einzelne Zelle wie ein Diamant erstrahlt, weiß funkelnd und glitzernd, erfüllt mit Lebensfreude.

Die zwölf Grundpositionen

Die Grundpositionen sowie einige wichtige Zusatz- oder auch Sonderpositionen sind in der folgenden Tabelle aufgeführt. Die vorgestellten Zusammenhänge sollen und können keinen Anspruch auf Vollständigkeit erheben. Die tabellarische Darstellung dient nur dazu, bestimmte Beziehungen und Verbindungen von Reiki-Grundpositionen, Körperorganen und zu erwartenden Reaktionen im physischen, emotionalen, geistigen und spirituellem Bereich anzudeuten.

Wichtig ist, sich nicht auf eine einzelne Position zu fixieren, sondern die Gesamtheit und die Zusammenhänge der zwölf Grund- und verschiedenen Zusatzpositionen zu erkennen. Erst im Zusammenspiel, in der synergetischen Wirkung der Behandlung aller Grundpositionen kann sich ganzheitlich eine positive Wirkung entfalten.

Obwohl die Rückenpositionen inhaltlich den Vorderpositionen weitestgehend entsprechen, ist es wichtig, diese Positionen in die Ganzbehandlung voll mit einzubeziehen. Die Rückenpositionen stimulieren in ihrer Gesamtheit das Willenszentrum des Menschen, während die Vorderpositionen das Gefühlszentrum anregen (siehe auch weiter unten das Kapitel »Chakras und Chakra-Ausgleich«).

Es ist nicht so wichtig, die einzelnen Positionen exakt zu finden, da die Wirkung des Reiki-Flusses stets über die Körperstelle hinausreicht, auf die die Hände gelegt werden. Sinnvoller ist es, die Positionen so zu wählen, daß die Haltungen insgesamt als angenehm empfunden werden, was zugegebenermaßen gerade bei den Rückenpositionen oft nicht so ganz einfach ist.

Die den Positionen *Kopf 1* bis *Kopf 3* entsprechenden Chakras bilden in ihrer Gesamtheit das mentale Zentrum des Menschen (siehe Abbildung Seite 93).

Position: Kopf 1	
Gesamtwirkung:	**Entspannung, Ganzheitlichkeit**
Handhaltung:	Beide Hände bedecken das Gesicht in Längsrichtung (Handflächen neben der Nase).
Angesprochene Körperbereiche:	Augen, Stirn- und Nebenhöhlen, Nase, Zähne und Kiefer.
Angesprochene Drüsen:	Zirbeldrüse, Hirnanhangdrüse (reguliert die Hormonausschüttung).
Angesprochene Chakras:	Kronen-Chakra (spirituelles Wachstum), Stirn-Chakra (Intuition, Geisteskraft).
Wirkungen im emotionalen Bereich:	beruhigend, entspannend, baut Streß ab, schirmt äußere Reize ab.
Wirkungen im mentalen Bereich:	Konzentration, Sammlung, klärt die Gedanken, läßt Ideen kommen.
Wirkungen im spirituellen Bereich:	Wendung nach innen; Öffnung für höhere Energien, Weisheit und innere Führung.

Position: Kopf 2	
Gesamtwirkung:	**Gelassenheit und Einsicht.**
Handhaltung:	Hände oberhalb der Ohren legen; die Finger zeigen nach oben.
Angesprochene Körperbereiche:	Gehirn, Ohren (Gleichgewichtsorgane); es werden viele Akupunkturpunkte mitbehandelt, z. B. Herz, Darm, Nieren, Lunge, Magen, Leber, Galle.
Angesprochene Drüsen:	Zirbeldrüse, Hirnanhangdrüse sowie weitere Drüsen mittels der Akupunkturpunkte.
Angesprochene Chakras:	Kronen-Chakra, Stirn-Chakra.
Wirkungen im emotionalen Bereich:	Ausgleich von Emotionen und Ratio (z. B. bei Sorgen oder Hysterie); fördert emotionales Gleichgewicht und heitere Gelassenheit.
Wirkungen im mentalen Bereich:	Klarheit der Gedanken, zur Traumerinnerung, Kreativität.
Wirkungen im spirituellen Bereich:	feinere Wahrnehmung und Aufnahme höherer Energien; fördert die Klarheit visionärer Einsicht; All-Einssein.

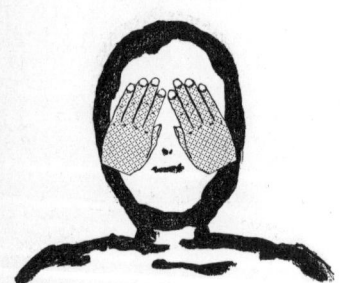

Kopfposition 1 und 2

Position: Kopf 3	
Gesamtwirkung:	**Ruhe und Intuition.**
Handhaltung:	Beide Hände bedeckten den Hinterkopf und die Medulla oblongata.*
Angesprochene Körperbereiche:	Medulla oblongata, Kleinhirn; aber auch Verdauungsorgane, Nasenbereich, Augen (Sehkraft), Herz.
Angesprochene Drüsen:	Zirbeldrüse, Hirnanhangdrüse.
Angesprochene Chakras:	Kronen-Chakra, Stirn-Chakra.
Wirkungen im emotionalen Bereich:	beruhigend, entspannend, klärt die Gedanken, mindert Sorgen und Ängste.
Wirkungen im mentalen Bereich:	fördert Kreativität und den klaren Ausdruck von Gedanken.
Wirkungen im spirituellen Bereich:	fördert die Entwicklung des Dritten Auges; Intuition.

* Die Medulla oblongata ist der Übergang vom Gehirn zu den Rückenmarks-
nerven, der Übergang von Geist und Körper. Bei den Sufis heißt er »Tor für
Licht und Wahrheit«, im Taoismus der »Mund Gottes«. Es ist das Alta-Ma-
jor-Zentrum, wo die kosmische Lebensenergie in den Körper einströmt.

Kopfposition 3 und 4

Die den Positionen *Kopf 4* und *vorne 1 bis 4* entsprechenden Chakras bilden in ihrer Gesamtheit das Gefühlszentrum des Menschen (siehe Abbildung S. 93).

Position: Kopf 4	
Gesamtwirkung:	**Freude, Geborgenheit, Inspiration.**
Handhaltung:	Die Hände umfassen den Hals von vorne an der Kehle (Handballen zusammen und Hände nur leicht oder gar nicht auflegen).
Angesprochene Körperbereiche:	Mandeln, Kehlkopf, Hals.
Angesprochene Drüsen:	Schilddrüse, Nebenschilddrüse, (Mandeln).
Angesprochenes Chakra:	Kehl-Chakra (Inspiration, Kommunikation, Selbstausdruck).
Wirkungen im emotionalen Bereich:	schafft Kontakt- und Kommunikationsfreude, Lebensfreude durch Selbstausdruck, hebt das Selbststvertrauen.
Wirkungen im mentalen Bereich:	fördert Klarheit und Festigkeit im Ausdruck; Inspiration.
Wirkung im spirituellen Bereich:	fördert den Zugang zu den feineren Ebenen des Seins.

Position: Vorne 1	
Gesamtwirkung:	**Vertrauen und Mitgefühl.**
Handhaltung:	Die Hände liegen fast waagerecht auf dem oberen Brustkorb, etwa zwischen den Achseln.
Angesprochene Körperbereiche:	Herz, Lunge, Schlüsselbeinbereich.
Angesprochene Drüse:	Thymusdrüse (Immunsystem).
Angesprochenes Chakra:	Herz-Chakra (Liebe, Heilung).
Wirkungen im emotionalen Bereich:	Sehen mit dem Herzen, Mitempfinden, den anderen annehmen können, Geborgenheit, Harmonie, Selbstvertrauen.
Wirkungen im mentalen Bereich:	Harmonie; fördert die Fähigkeit, andere zu akzeptieren.
Wirkungen im spirituellen Bereich:	Übergang vom Ich zum Du; bedingungslose Liebe, Freude.

Position: Vorne 2	
Gesamtwirkung:	**Streßabbau und Selbstbewußtsein.**
Handhaltung:	Die Hände liegen unterhalb des Rippenbogens, die Daumen liegen auf der untersten Rippe.
Angesprochene Körperbereiche:	Solarplexus, Leber, Magen, Milz, Gallenblase.
Angesprochene Drüse:	Bauchspeicheldrüse.
Angesprochenes Chakra:	Solarplexus-Chakra (Selbstvertrauen, Verarbeitung von Gefühlen, Entschlußkraft).
Wirkungen im emotionalen Bereich:	fördert Selbstvertrauen, entspannt und baut Streß und Angst ab.
Wirkungen im mentalen Bereich:	fördert die Verarbeitung von Gefühlen und Erlebnissen; schafft Klarheit.
Wirkungen im spirituellen Bereich:	fördert die Fähigkeit zur Gestaltung des Seins.

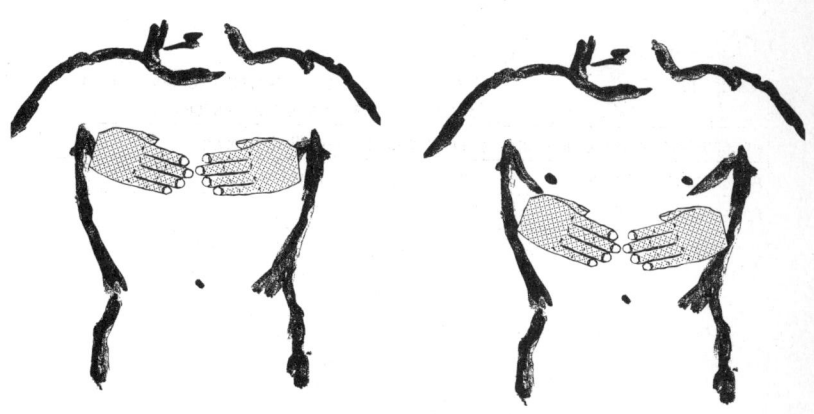

Position Vorne 1 und 2

Position: Vorne 3	
Gesamtwirkung:	**sinnliches Empfinden und Lebensfreude.**
Handhaltung:	Die Hände liegen unterhalb des Nabels.
Angesprochene Körperbereiche:	Leber, Bauchspeicheldrüse, Milz (Abwehrsystem), Galle, Zwölffingerdarm und Verdauung.
Angesprochene Drüse:	Bauchspeicheldrüse.
Angesprochenes Chakra:	Sakral-Chakra (Hara).
Wirkungen im emotionalen Bereich:	fördert die Fähigkeit, emotionale Beziehungen aufzubauen.
Wirkungen im mentalen Bereich:	fördert die Integration in die Gemeinschaft.
Wirkungen im spirituellen Bereich:	Im Zen ist das Hara das Zentrum des Selbst.

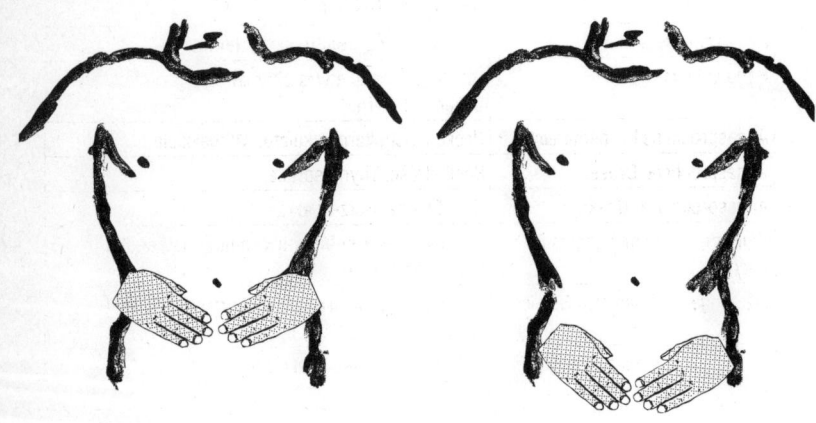

Position Vorne 3 und 4

Position: Vorne 4

Gesamtwirkung:	**Lebenskraft und Lebenswille.**
Handhaltung:	Die Hände liegen auf dem Unterbauch, die kleinen Finger in der Leistengegend.
Angesprochene Körperbereiche:	Dickdarm, Dünndarm, Blase, Geschlechtsorgane.
Angesprochene Drüse:	Bauchspeicheldrüse, Keimdrüsen.
Angesprochenes Chakra:	Sakral-Chakra, Wurzel-Chakra.
Wirkungen im emotionalen Bereich:	fördert den Lebenswillen und das Annehmen des körperlichen Seins.
Wirkungen im mentalen Bereich:	fördert Flexibilität und Anpassungsfähigkeit.
Wirkungen im spirituellen Bereich:	verbindet mit dem physischen Sein.

Die Positionen *Hinten 2, 3, und 4* entsprechen inhaltlich etwa den Positionen *Vorne 1, 3 und 4.* Die ihnen entsprechenden Chakras bilden in ihrer Gesamtheit das Willenszentrum des Menschen (siehe Abbildung Seite 93).

Position: Hinten 1

Gesamtwirkung:	**Verantwortung freudig akzeptieren.**
Handhaltung:	Die Hände liegen etwas oberhalb auf den Schulterblättern.
Angesprochene Körperbereiche:	Nacken, Schultermuskulatur, Wirbelsäule.
Angesprochene Drüse:	Schilddrüse, Thymusdrüse.
Angesprochenes Chakra:	Kehl-Chakra, Herz-Chakra.
Wirkungen im emotionalen Bereich:	hilft, die »Last der Verantwortung« leichter und freudiger zu tragen.
Wirkungen im mentalen Bereich:	läßt Verantwortlichkeit bewußt werden und hilft, sie anzunehmen; Inspiration.
Wirkungen im spirituellen Bereich:	Öffnung für höhere Energien.

Position: Hinten 2

Gesamtwirkung:	**Vertrauen und Mitgefühl.**
Handhaltung:	Die Hände liegen mit dem Handrücken oder der Daumenseite auf der Höhe des Herzens.
Angesprochene Körperbereiche:	Herz, Lunge, Wirbelsäule.
Angesprochene Drüse:	Thymusdrüse.
Angesprochenes Chakra:	Herz-Chakra.
Wirkungen im emotionalen Bereich:	Geborgenheit; fördert die Fähigkeit, in Liebe zu führen.
Wirkungen im mentalen Bereich:	fördert die Fähigkeit, mit dem Herzen zu sehen und bedingungslos zu akzeptieren.
Wirkungen im spirituellen Bereich:	fördert Vertrauen in das, was ist (Gott, die Existenz).

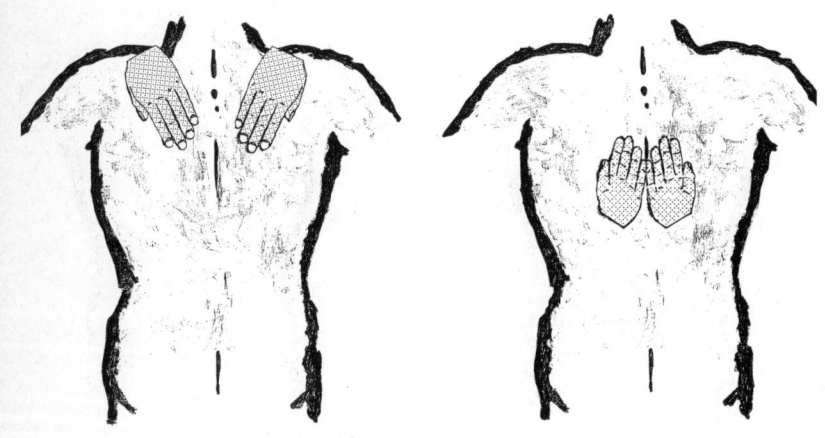

Position Hinten 1 und 2

Position: Hinten 3	
Gesamtwirkung:	**Streßabbau und Selbstbewußtsein.**
Handhaltung:	Hände liegen etwas oberhalb der Hüften.
Angesprochene Körperbereiche:	Solarplexus, Leber, Magen, Milz, Gallenblase.
Angesprochene Drüse:	Bauchspeicheldrüse.
Angesprochene Chakra:	Solarplexus-Chakra.
Wirkungen im emotionalen Bereich:	Streß- und Angstabbau, stärkt das Ich-Gefühl.
Wirkungen im mentalen Bereich:	schafft Klarheit durch die Verarbeitung von Gefühlen und Erlebnissen.
Wirkungen im spirituellen Bereich:	fördert den Willen zur Gestaltung des Seins.

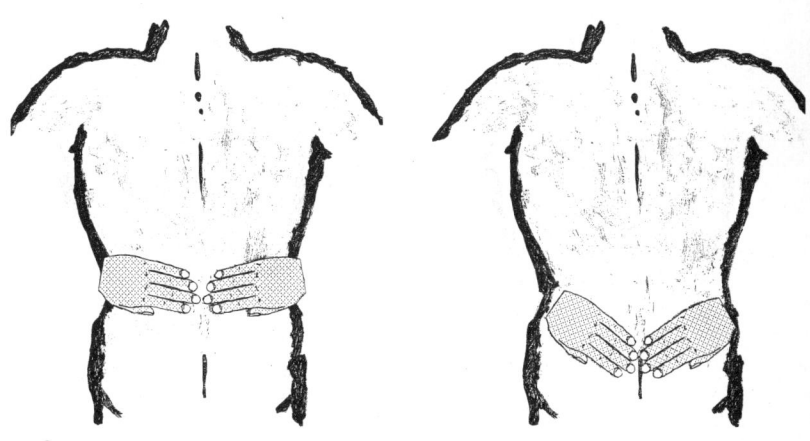

Position Hinten 3 und 4

Position: Hinten 4

Gesamtwirkung:	**Lebenskraft und Lebenswille.**
Handhaltung:	Hände liegen auf/neben dem Steißbein.
Angesprochene Körperbereiche:	Dickdarm, Dünndarm, Blase, Geschlechtsorgane.
Angesprochene Drüse:	Bauchspeicheldrüse, Keimdrüsen.
Angesprochenes Chakra:	Sakral-Chakra, Wurzel-Chakra.
Wirkungen im emotionalen Bereich:	fördert den Lebenswillen und das Annehmen des körperlichen Seins.
Wirkungen im mentalen Bereich:	fördert den Willen, die physische Realität zu akzeptieren.
Wirkungen im spirituellen Bereich:	fördert den feinstofflichen Kontakt zur physischen Welt.

Die folgenden *Zusatzpositionen* haben sich als hilfreich und sinnvoll erwiesen, sind aber für eine Ganzbehandlung nicht unbedingt notwendig.

Zusatzposition: Kopf 1a

Gesamtwirkung:	**Angst- und Streßabbau.**
Handhaltung:	Hände seitlich auf die Schläfen legen.
Angesprochene Körperbereiche:	Großhirn, Augen(-nerven), Schläfen, Zähne und Oberkiefer.
Angesprochene Drüse:	Zirbeldrüse, Hirnanhangdrüse.
Angesprochenes Chakra:	Kronen-Chakra, Stirn-Chakra.
Wirkungen im emotionalen Bereich:	hilft bei Lern- und Konzentrationsschwierigkeiten; Streßabbau.

Zusatzposition: Kopf 2a

Gesamtwirkung:	**Gleichgewicht.**
Handhaltung:	Hände seitlich auf Ohren und den Hals/Wangenbereich legen.
Angesprochene Körperbereiche:	Ohren (Gleichgewichtsorgane), dabei werden viele Akupunkturpunkte mitbehandelt; Rachen, Mandeln.
Angesprochene Drüse:	(Lymphknoten, Mandeln).
Angesprochenes Chakra:	Kronen-Chakra, Stirn-Chakra, auch Kehl-Chakra.

Zusatzposition: Hinten 2a

Gesamtwirkung:	Kritikfähigkeit.
Handhaltung:	Hände auf die Nieren legen.
Angesprochene Körperbereiche:	Nieren, Nebennieren, Wirbelsäule.
Angesprochene Drüse:	Nebennieren.
Angesprochenes Chakra:	Solarplexus-Chakra.
Wirkungen im emotionalen Bereich:	hilft, Erlebnisse gefühlsmäßig aufzuarbeiten; fördert Selbstvertrauen.
Wirkungen im mentalen Bereich:	hilft, Erlebnisse mental zu integrieren, insbesondere Kritik positiv umzuwandeln.
Wirkungen im spirituellen Bereich:	fördert den Willen zur Gestaltung des Seins.

Zusatzposition: Knie

Gesamtwirkung:	Kritikfähigkeit, Flexibilität.
Handhaltung:	Hände unter die Kniekehlen legen.
Angesprochenes Chakra:	Nebenchakras.
Wirkungen im emotionalen Bereich:	hilft, Erlebnisse von verschiedenen Seiten zu sehen.
Wirkungen im mentalen Bereich:	hilft, Erlebnisse kreativ zu durchdenken.

Zusatzposition: Knöchel

Gesamtwirkung:	Lebensfreude.
Handhaltung:	Hände um die Knöchel legen.
Angesprochene Körperbereiche:	Beckenorgane.
Angesprochene Drüse:	Keimdrüsen.
Angesprochenes Chakra:	Sakral-Chakra.
Wirkungen im emotionalen Bereich:	hilft, Erlebnisse gefühlsmäßig aufzuarbeiten; fördert Selbstvertrauen.
Wirkungen im mentalen Bereich:	hilft bei Wortfindungsschwierigkeiten.
Wirkungen im spirituellen Bereich:	fördert die Freude am Dasein.

Zusatzposition: Füße	
Gesamtwirkung:	Erdung.
Handhaltung:	Hände unter die Füße, Finger bis über die Zehen legen.
Angesprochene Körperbereiche:	alle (über die Reflexzonen).
Angesprochene Drüse:	alle.
Angesprochenes Chakra:	Nebenchakra.
Wirkungen im emotionalen Bereich:	ausgleichend.
Wirkungen im mentalen Bereich:	beruhigend.
Wirkungen im spirituellen Bereich:	Erdung; stärkt die Präsenz.

Anwendungsbeispiele bei Gesundheitsstörungen

Wir haben bereits darauf hingewiesen, daß Reiki nicht den Arzt ersetzt. Außerdem ist es in Deutschland verboten, ohne entsprechende Ausbildung und staatliche Erlaubnis Heiltätigkeit auszuüben. Darunter fällt auch das Auflegen der Hände zu Heilzwecken. Diese Einschränkung gilt selbstverständlich nur, wenn wir jemand anders als uns selbst mit Reiki helfen wollen. Auf Spitzfindigkeiten wie »Wenn ich die Hände in einigem Abstand halte, ist das aber nicht verboten« wollen wir hier nicht weiter eingehen.

Wir sollten unsere Achtung vor dem Leben und der Gesundheit unserer Mitmenschen auch dadurch zum Ausdruck bringen, daß wir die Erkenntnisse der modernen medizinischen Wissenschaft nicht einfach als unwichtig oder schlichtweg falsch abtun. Jedem Menschen, der zu uns kommt und um Hilfe bittet, sollten wir auf jeden Fall den Besuch eines Facharztes empfehlen. Daneben ist es selbstverständlich gut und richtig, Heilungsprozesse mit Reiki zu unterstützen.

Keinesfalls sollten Reiki-Behandlungen anderer Menschen

förmlich aufgedrängt werden, was leider immer wieder zu beobachten ist. Einige Menschen laufen an diesem Punkt Gefahr, sich in missionarischen Eifer zu verstricken oder sich aus Mangel an Selbstliebe zu verausgaben. Einschränkungen im eigenen Leben werden dadurch keineswegs wettgemacht, zumal wenn es ohne die nötige Grundlage wirklicher Selbstliebe geschieht. Jesus Christus hat gesagt: »Liebe deinen Nächsten *wie dich selbst.*«

Im folgenden sind einige aus der Praxis entstandene Positionsabfolgen vor allem für die Selbstbehandlung aufgelistet. Mit fortschreitender Übung ergeben sich die Handhaltungen aber intuitiv von selbst.

Abwehrsystem:	T-Position auf dem Herz-Chakra.
Ärger, Depression:	rechte Bauchseite mit beiden Händen behandeln.
Angst:	*Kopf 1–3* oder *4; vorne 1, 3* und/oder *4; hinten 3.*
Allergien:	zweimal täglich Ganzbehandlung; *hin-*ten 3 mindestens 30 Minuten behandeln.
Augen:	*Kopf 1–3* mindestens 15-30 Minuten behandeln.
Bandscheiben:	die betroffene Stelle mehrmals täglich 30-60 Minuten behandeln.
Bauchspeicheldrüse:	*vorne 2, 3; Kopf 2, 3.*
Bettnässen:	*vorne 4; hinten 4; Kopf 2,3.*
Blase:	*vorne 4; hinten 4.*
Blutdruck:	*Kopf 4, vorne 1.*
Bronchien:	Ganzbehandlung, dann zusätzlich *vorne 1; hinten 3.*
Darm:	*vorne 3, 4; hinten 3, 4.*
Depression:	*Kopf 2, 3; hinten 3.*

Dermatitis: *vorne 3; hinten 3* und betroffene Stellen.

Durchfall: *vorne 4; hinten 4* jeweils 15–30 Minuten behandeln.

Eierstöcke: *Kopf 2, 3; vorne 4.*

Entspannung: *Kopf 2, 3 oder 4, vorne 3; hinten 3.*

Erbrechen: Magen; *Kopf 2, 3; vorne 2, 3; hinten 3* jeweils 1–2 Minuten behandeln.

Eßsucht: *Kopf 2, 3; vorne 3, hinten 3.*

Gebärmutter: *vorne 4; hinten 4* jeweils mehrmals täglich behandeln.

Gedächtnis: *Kopf 2, 3.*

Gehirn: *Kopf 1–4; hinten 3.*

Infektionen: linke Bauchseite (Milz) mit beiden Händen behandeln oder den Bauch seitlich umfassen.

Insektenstich: Stachel entfernen, die Wunde 30 Minuten behandeln

Ischias: Steißbein und Ferse gleichzeitig mit je einer Hand behandeln, dann die Hände wechseln; zusätzlich das Bein von oben nach unten behandeln; T-Position auf Steißbein und Gesäß.

Kopfschmerzen: *Kopf 2, 3* jeweils 15–20 Minuten behandeln.

Leber: *Kopf 1–3; vorne 2, 3; hinten 2, 3.*

Menstruationsbeschwerden: *Kopf 2, 3; vorne 4.*

Migräne: *Kopf 2, 3; vorne 2, 3; hinten 3;* dann *vorne 4* 15 Minuten behandeln.

Raucherentwöhnung: *Kopf 1, 4; vorne 1; hinten 1, 2.*

Rückenschmerzen: *vorne 4; hinten 1–4;* Ausgleich Medulla/Steißbein; Ausgleich Steißbein/Füße.

Schlafstörung: *Kopf 2, 3* vor dem Einschlafen.

Schwindel: *Kopf 2, 3.*

Streß, Verspannung: Schulterenden, Schlüsselbein, Schläfen und Schädeldecke behandeln.

Thymusdrüse: vorne 1

Übelkeit: *vorne 3; hinten 3; Kopf 2, 3.*

Wut: *vorne 1; 5–15 Minuten behandeln; Kopf 2–4; hinten 3.*

Zahnschmerzen: den Zahn direkt mit dem Finger, dann die Wange 15 Minuten behandeln.

Chakras und Chakra-Ausgleich

Eines der Hauptanliegen dieses Buchs ist es, wieder stärker ins Bewußtsein zu rufen, daß Reiki viel mehr ist als »nur« eine Methode zur Heilung des Körpers. Die spirituelle Komponente des Reiki hat seit Dr. Usui immer eine hohe Bedeutung im Wirken aller Reiki-Lehrer und -Lehrerinnen gehabt. Auch die sogenannte Chakra-Arbeit geht weit über eine Harmonisierung und Kräftigung des physischen Körpers hinaus; wie im Reiki sind auch hier die körperlich erfahrbaren Wirkungen tatsächlich nur der geringste Teil der ganzheitlichen Heilungs- und Wachstumsvorgänge.

Chakra ist ein Sanskritwort und bedeutet Rad. Damit wird zum Ausdruck gebracht, daß es sich um Energiewirbel handelt. Jeder Mensch besitzt verschiedene energetische Körper, die den physischen Körper umhüllen beziehungsweise ausfüllen. Die Chakras sind Energiesysteme, die diese Körper untereinander und mit der Außenwelt verbinden. Sie leiten Energien aus den uns umgebenden Quellen, dazu gehören auch kosmische und Universelle Lebensenergie, in unsere Körper hinein und aus ihnen heraus (siehe Abbildung Seite 85).

Es gibt sieben Hauptchakras, die entlang der ätherischen Wirbelsäule und im Bereich des Kopfs lokalisiert sind. Darüber hinaus existiert eine Vielzahl weiterer Energiezentren im menschlichen Körper, zum Beispiel in den Händen und Füßen oder in der Milzregion.

Die Vitalität des physischen Körpers, Entwicklung, Selbstbewußtsein und die Entwicklung des spirituellen Bewußtseins hängen davon ab, inwieweit die Chakras funktionsfähig und geöffnet sind. Wenn wir es auf eine einfache Formel

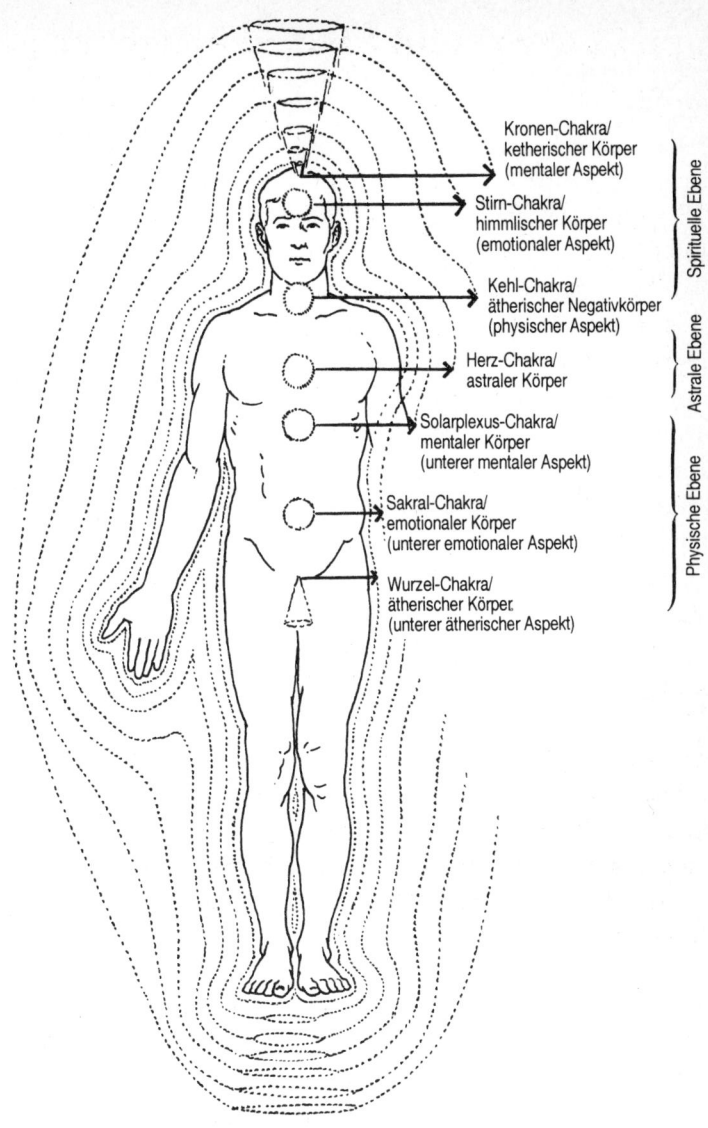

Kronen-Chakra/
ketherischer Körper
(mentaler Aspekt)

Stirn-Chakra/
himmlischer Körper
(emotionaler Aspekt)

Kehl-Chakra/
ätherischer Negativkörper
(physischer Aspekt)

Herz-Chakra/
astraler Körper

Solarplexus-Chakra/
mentaler Körper
(unterer mentaler Aspekt)

Sakral-Chakra/
emotionaler Körper
(unterer emotionaler Aspekt)

Wurzel-Chakra/
ätherischer Körper
(unterer ätherischer Aspekt)

Spirituelle Ebene

Astrale Ebene

Physische Ebene

Die feinstofflichen Körper und die Chakras
(aus: Barbara Ann Brennan »Licht-Arbeit«, München1989)

bringen wollen, so können wir sagen: Je mehr Energie durch unsere Chakras fließt, um so gesünder sind wir.

Jedem der sieben Hauptchakras wird außerdem ein Grundprinzip oder Themenbereich zugeordnet. Die Aktivität des jeweiligen Chakras ist damit ein Ausdruck oder Anzeiger dafür, inwieweit die mit diesen Themen verbundenen Qualitäten beim einzelnen Menschen entwickelt sind. Die Chakras spiegeln somit den Stand des Bewußtseins wider. Die Entwicklung zum reifen Menschen, der fähig ist, nicht nur für sich selbst, sondern für alles, was ist, Verantwortung zu tragen, kann in diesem Zusammenhang durchaus mit der Entwicklung seiner sieben Hauptchakras gleichgesetzt werden.

Zu den unteren Chakras gehören die Themen *körperlicher Wille zum Sein* (1. oder Wurzel-Chakra), *schöpferische Fortpflanzung des Seins* (2. oder Sakral-Chakra) und *Gestaltung des Seins* (3. oder Solarplexus-Chakra).

Im Bereich dieser drei unteren Chakras entwickelt sich das, was Ich-Bewußtsein oder Ego genannt wird. Der wesentliche Grund für die immer noch kollektiv zu beobachtende Dominanz der unteren drei Chakras liegt wohl darin, daß der Übergang vom dritten zum vierten Chakra, also vom Solarplexus zum Herz-Chakra, schlichtweg mit Angst zu tun hat: Unser Ego hat Angst davor, auf einmal nicht mehr so wichtig zu sein.

Das vierte Chakra, das Herz-Chakra oder spirituelle Herz, spielt deshalb heute eine zentrale Rolle in der weiteren Evolution des Menschen. Es transformiert die Energien der »unteren« Chakras auf eine neue Ebene, die Ebene der *Hingabe zum Sein*. Wenn die Aktivität des Herz-Chakras wächst, erfahren wir eine tiefgreifende Veränderung – hin zu Liebe, Mitgefühl, Fülle, Vertrauen und Heilung. Im ersten bis dritten Chakra steht unser Ego im Vordergrund. Mit der Öffnung unseres spirituellen Herzens wandelt sich diese Ego-Zentriertheit: Wir öffnen uns der Liebe und dem Du. Es entsteht eine neue, umfassendere Art von Verstehen.

Reiki wirkt durch und auf das Herz-Chakra. Mit der Einweihung wird unser spirituelles Herz angeregt und gestärkt. Wenn wir im Verlauf unserer Reiki-Praxis einfach unseren inneren Blick, unsere Aufmerksamkeit auf unser Herzzentrum richten, während wir uns oder anderen Reiki geben, können wir diese Aktivierung unseres Herz-Chakras zusätzlich fördern, denn die Energie folgt stets der Richtung unserer Gedanken. Wenn wir in Reiki eingeweiht sind, steht uns unbeschränkt zusätzliche Lebensenergie zur Verfügung, die wir mit unserer Aufmerksamkeit und unabhängig von einer Reiki-Sitzung jederzeit in unser Herzzentrum lenken können. Wer dieses Geschenk der Universellen Lebensenergie bewußt annimmt, kann sein Herzzentrum viel schneller entwickeln, als es ohne Reiki möglich wäre.

Das vierte Chakra ist der Übergang, die Verbindung zur spirituellen Entwicklung des Menschen, die mit dem fünften, sechsten und siebten Chakra verbunden ist. Ohne die Öffnung des Herz-Chakras ist eine wirkliche Integration der oberen Chakras in unser Sein nicht möglich. Die Entwicklung des Herz-Chakras ist die Voraussetzung für wirkliche Spiritualität, die dann zur dauerhaften Grundlage unseres Lebens wird. Erst die Kraft, die aus der Liebe erwächst, schenkt das Vertrauen und die Fähigkeit, unser Ego beiseite zu stellen und die Offenheit und Demut zu entwickeln, die die Tore zu den feineren Ebenen des Seins öffnen.

Die Qualität des fünften oder Kehl-Chakras bezieht sich auf den *Ausdruck des Seins*. Mit der Aktivierung dieses Zentrums entwickeln sich Kommunikationsfähigkeit, Kreativität und Inspiration.

Das sechste Chakra, Drittes Auge oder Stirn-Chakra, beinhaltet den Bereich der *Erkenntnis des Seins*. Intuition, Entwicklung der inneren Sinne, Geisteskraft, Manifestation und Imagination sind einige Stichworte, die den Rahmen abstecken, der mit der Entwicklung des Stirn-Chakras verbunden ist.

Alle sechs unteren Chakras bewegen sich im Bereich der Dualität, das heißt im Bereich des Spannungsfeldes von Yin und Yang, positiv und negativ, Licht und Schatten. Diese Dualität wird im siebten oder Kronen-Chakra transzendiert. Es ist dies der Bereich des *reinen Seins,* der Einheit und Vereinigung mit dem All-Seienden. Die Öffnung dieses Chakras führt uns zu Universellem Bewußtsein, was Buddha Erleuchtung und Christus Heimkehr genannt hat.

Um auf dieser inneren Reise zu Erleuchtung und spiritueller Verbindung voranzuschreiten ist es unsere Aufgabe, die Entwicklung aller Chakras zu fördern. Dabei sollten wir immer im Bewußtsein behalten, daß sich die oberen Chakras erst dann dauerhaft öffnen werden, wenn die Aufgabenbereiche der unteren Chakras von uns erfüllt sind. Wenn unser Wille zum Sein (1. Chakra) nur sehr schwach ist, woher soll dann der Antrieb kommen, auf unseren Nächsten zuzugehen (4. Chakra)? Wenn unsere Beziehung zu Geld (3. Chakra) angst- und schuldbeladen ist, woher soll dann die nötige Offenheit kommen, aus der heraus wir unsere inneren Sinne (6. Chakra) entwickeln können? Es kann einer ganzheitlichen Entwicklung nicht förderlich sein, zum Beispiel nur unser Drittes Auge zu schulen.

Nun mag man diese Betrachtungsweise als eindimensional kritisieren, da wir nach diesem Modell unsere Chakras nacheinander, von unten nach oben, entwickeln müßten. Diese eindimensionale Betrachtungsweise läßt sich aber durchaus auch analog in der Menschheitsentwicklung aufzeigen, die sich aus dem nackten Kampf ums Überleben (1. Chakra), über den Aufbau von patriarchalischen Gesellschaftsstrukturen (2.

Chakra), über die Entfaltung einer High-Tech-Zivilisation (3. Chakra) jetzt dem Thema Verständigung und Öffnung der Grenzen (4. Chakra) zuwendet.

Bei einer mehrdimensionalen Betrachtungsweise hingegen erkennen wir, daß immer alle Chakras gleichzeitig arbeiten müssen, um einen Menschen überhaupt im ganzheitlichen Sinne lebensfähig zu erhalten. Es geht eigentlich nur darum festzustellen, welche Chakras aktiver als andere sind und wie aktiv die Gesamtheit der Chakras ist, um dann regulierend einzugreifen, wobei jedes Chakra alle anderen Chakras beeinflußt.

Chakra-Arbeit bedeutet, unsere Chakras zu aktivieren. Unsere Aufgabe besteht dabei auf der einen Seite darin, den Chakras zusätzliche Lebensenergie zuzuführen, und auf der anderen Seite, die unterschiedliche Aktivität der Chakras auszugleichen. Im Rahmen einer ganzheitlichen Entwicklung ist es nicht sinnvoll, speziell mit einem einzelnen Chakra zu arbeiten, um bestimmte Fähigkeiten zu erlangen, obwohl auch das in einzelnen Fällen durchaus angebracht sein kann, nämlich dann, wenn aufgrund einer Unterfunktion insbesondere der unteren Chakras Lebenswille, Lebensfreude und Lebensfähigkeit stark eingeschränkt sind.

Wenn wir – mit welcher Technik auch immer – die Chakras bei uns oder anderen anregen, so daß mehr Energie zu fließen beginnt, wird mit dieser Energie auch immer etwas von dem ins Bewußtsein gespült, was zum Themenbereich des jeweiligen Chakras gehört, bislang aber verborgen war. Wir sollten uns hier Zeit lassen, damit wir die neuen Informationen auch verarbeiten und integrieren können. Keinesfalls sollten wir mit Gewalt versuchen, eine Öffnung der Chakras zu erreichen. Solange wir allerdings nur mit Reiki arbeiten, verhindert die der Universellen Lebensenergie innewohnende Intelligenz von ganz allein, daß ein Zuviel des Guten geschieht.

Chakras und Reiki-Grundpositionen

Chakra/ Prinzip	Reiki-Grund- position	Drüse/ Körperzone	Sinnes- funktion	Farbe/Vokal, Ton	Thema
7. Kronen- Chakra, reines Sein	Kopf 2	Zirbeldrüse Großhirn, rechtes Auge	Erkenntnis der Einheit	Weiß, Gold, Lila > m <	Vereinigung, universelles Bewußtsein
6. Stirn- Chakra, Seins- erkenntnis	Kopf 1, 3	Hypophyse Zwischenhirn linkes Auge	übersinnliche Wahr- nehmung	Violett, Indigo > i <	Intuition und Geisteskraft
5. Kehl- Chakra, Seins- ausdruck	Kopf 4, 3	Schilddrüse Bronchien, Lunge	Hören	Hellblau > e <	Selbst- ausdruck, Kommuni- kation
4. Herz- Chakra, Seinshingabe	Vorne 1, Hinten 1	Thymusdrüse Herz, Blut	Fühlen (Tasten)	Hellgrün, Rosa > a <	Liebe, Mitgefühl, Heilung
3. Solarplexus- Chakra, Seins- gestaltung	Vorne 2, Hinten 2	Bauch- speicheldrüse Magen, Leber, Galle, Nerven	Sehen	Gelb > o < (offen)	Entschluß- kraft, Durch- setzungs- fähigkeit
2. Sakral- Chakra, Seins- erhaltung	Vorne 3, Hinten 3	Keimdrüsen Fort- pflanzungs- organe	Schmecken	Orange > o < (geschlossen)	Beziehung, Erotik, Lebensfreude
1.Wurzel- Chakra, Seinswille	Vorne 4, Hinten 4	Nebennieren Wirbelsäule, Nieren	Riechen	Rot > u <	Lebens- energie, Sexualkraft

Wenn wir die Reiki-Grundpositionen ausführen, geben wir auch immer den sieben Hauptchakras Lebensenergie. Sie werden auf diese Weise aktiviert, ohne daß wir uns besonders darum kümmern müßten. Da die Energie unserer Aufmerksamkeit folgt, können wir diesen Vorgang unterstützen, indem wir uns bei den entsprechenden Positionen zusätzlich vorstellen, wie sich das jeweilige Chakra öffnet und zu strahlen beginnt. Hier kann es sehr hilfreich sein, wenn wir die Farbe visualisieren, die dem Chakra zugeordnet ist, oder den entsprechenden Vokal beziehungsweise Ton singen.

Bei der Betrachtung der Zuordnungen in der nebenstehenden Tabelle sollten wir immer im Bewußtsein behalten, daß Mensch, Chakras und »Alles, was ist« ein unteilbares Ganzes sind. Nur unser Verstand benötigt diese Zuordnungen; unser inneres Wesen kennt diese Zusammenhänge sowieso. Obwohl diese Zuordnungen für unsere Chakra-Arbeit durchaus nützlich sind, sollten wir sie deshalb nicht so wichtig nehmen und uns statt dessen darauf verlassen, daß die Kraft der Universellen Lebensenergie das Richtige tun wird. In diesem Sinne gilt auch hier, was bei jeder Anwendung von Reiki gilt: Fühlen statt Denken, Hingabe statt Aktivität und Vertrauen statt Kontrolle.

Wie schon vorher beschrieben, aktivieren und energetisieren wir unsere sieben Hauptchakras am einfachsten, indem wir die Reiki-Grundpositionen ausführen. Dabei legen wir nur unsere Hände auf die jeweilige Position und stellen uns dabei vor, wie das dieser Position zugeordnete Chakra zu leuchten und zu strahlen beginnt. Das Summen des jeweiligen Lautes und/oder die Vorstellung der entsprechenden Farbe verstärken den Aktivierungsvorgang. Unsere innere Haltung ist lauschend und empfindend. Wir beobachten die Gedanken und Gefühle, die vielleicht in uns aufsteigen.

Gerade bei der Behandlung anderer, aber auch bei der Selbstbehandlung empfiehlt es sich oft zusätzlich, die Chakras untereinander auszugleichen. Das Grundprinzip hierbei ist, daß wir unsere Hände auf zwei verschiedene Chakras legen und sie dort so lange liegen lassen, bis sich unser Gefühl in beiden Händen angleicht. Welche Chakras wir ausgleichen und in welcher Reihenfolge wir dabei vorgehen, bleibt ganz unserem Gefühl überlassen. Uns ist keine Regel bekannt, nach der man unbedingt vorgehen muß.

Um trotzdem einen Anhaltspunkt zu geben, bietet sich das Bild des aus der jüdischen Tradition stammenden siebenarmigen Kerzenleuchters an. Dabei können wir uns vorstellen, daß das Herz-Chakra dem mittleren, senkrechten Kerzenhalter entspricht. Die Sonderstellung dieses Chakras als Mitte und Mittler aller anderen Chakras wird damit besonders deutlich. Auch die paarweise Zuordnung des ersten zum siebten, des zweiten zum sechsten und des dritten zum fünften Chakra ist auf diese Weise sehr schön zu sehen.

Anhand dieser Vorstellung kann man jetzt beginnen, die Chakras paarweise von außen nach innen auszugleichen, wobei zuletzt auf das Herz-Chakra, das »Chakra des Reiki«, beide Hände gelegt werden.

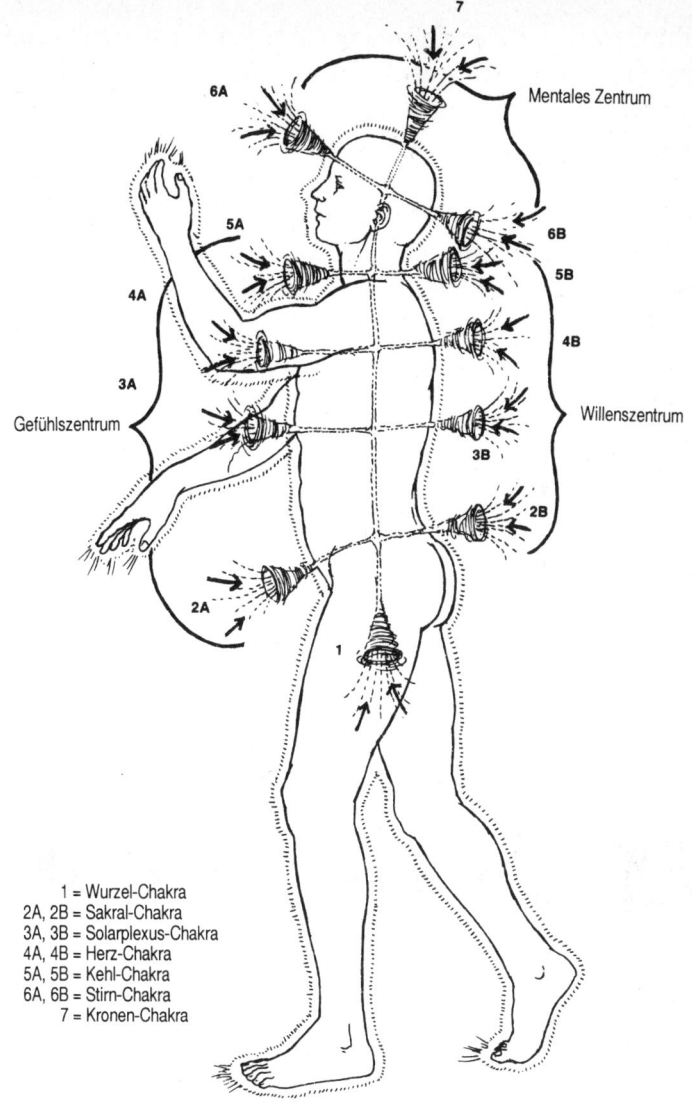

7 Kronen-Chakra

Mentales Zentrum

6A

5A

4A

3A

Gefühlszentrum

6B

5B

4B

Willenszentrum

3B

2B

2A

1

1 = Wurzel-Chakra
2A, 2B = Sakral-Chakra
3A, 3B = Solarplexus-Chakra
4A, 4B = Herz-Chakra
5A, 5B = Kehl-Chakra
6A, 6B = Stirn-Chakra
7 = Kronen-Chakra

Beim zweiten bis sechsten Chakra kann der Reiki-Praktizierende jeweils zwischen vorderem Gefühlszentrum und hinterem Willenszentrum ausgleichen
(aus: Barbara Ann Brennan »Licht-Arbeit«, München 1989).

In der einundzwanzigtägigen Phase der inneren Reinigung ist es ratsam, täglich einen solchen Chakra-Ausgleich durchzuführen. Später ist er besonders dann sinnvoll, wenn wir uns unausgeglichen fühlen – ein Zeichen dafür, daß die Chakras unterschiedlich aktiv sind.

Eine andere Methode, die Chakras zu harmonisieren, basiert auf der Lehre von Barbara Ann Brennan, nach der sich das zweite bis sechste Chakra sowohl nach vorne (Gefühlszentrum) als auch nach hinten (Willenszentrum) öffnen (siehe Abbildung). Wir können in der Höhe des jeweiligen Chakras eine Hand auf unsere vordere Körperseite, die andere Hand auf unsere hintere Körperseite legen, um unsere Gefühls- und Willenszentren auszugleichen.

Dieser kurze Ausflug in die Welt der Chakras vermag die Möglichkeiten, die in der Verbindung von Reiki und bewußter Chakra-Arbeit liegen, nur anzudeuten. Wir laden jede Reiki-Schülerin und jeden Reiki-Schüler ein, selbst kreativ zu werden und zu experimentieren. Sie können darauf vertrauen, daß die der Universellen Lebensenergie innewohnende Intelligenz auch bei der Chakra-Arbeit in dem Maße zu unserem inneren und äußeren Wachstum beitragen wird, wie es für uns richtig ist. Bei all unseren guten Absichten und bei all unserem Wissen sollten wir uns dennoch immer bewußt bleiben, daß wir in Wirklichkeit fast gar nichts wissen. Oft ist es besser, einfach abzuwarten und im Vertrauen auf eine positive Veränderung nur wahrzunehmen, anstatt aktiv und mit bestimmten Zielen vor Augen zu versuchen, die Chakras zu beeinflussen.

Die Reiki-Behandlung
und die Bedeutung von Ritualen

Heilung bedeutet immer, daß auch das Unbewußte, Archetypische in uns mithilft, uns mit jenen Bereichen zu verbinden, aus denen heraus Heilung geschehen kann. Rituale sind ganz besonders geeignet, diese Bereiche in uns zur Mithilfe anzuregen.

Die amerikanische Wissenschaftlerin Jeanne Achterberg sieht aufgrund ihrer einschlägigen Forschungen im Ritual den Wesenskern des Heilungsprozesses. In der Zeitschrift *Psychologie heute* konstatierte sie 1993: »Von den vielen Faktoren, die ich im Laufe der Jahre in Erwägung gezogen habe, ist letztendlich nur einer übriggeblieben: das Ritual. Schon seit mehr als 40 000 Jahren und in allen Kulturen findet Heilung im rituellen Rahmen statt: Menschen kommen zusammen, der eine fungiert als Heiler, der andere sucht nach Heilung.«

Um mit Reiki einen Heilungsprozeß zu fördern, sind sicherlich keine schamanischen Tänze notwendig. Doch hat sich im Laufe der Jahre gezeigt, daß in Reiki-Sitzungen bestimmte einfache Rituale den Heilungsvorgang unterstützen, ja vielleicht sogar erst ermöglichen. Bewußt eingesetzte Rituale vermindern Angst und vermitteln die Hoffnung auf Heilung.

Rituale sind nicht nur bei der Behandlung von anderen hilfreich. Auch bei der Selbstbehandlung sollte das eigene Unbewußte durch Rituale zur Mithilfe angeregt werden. Göttlicher Beistand oder die Unterstützung von spirituellen Meistern beziehungsweise geistigen Helfern mag ebenfalls über Rituale erbeten werden.

Ein einfaches im Reiki gelehrtes Ritual ist das Waschen der

Hände vor und nach der Behandlung. Anhand dieses Beispiels wollen wir veranschaulichen, wie etwas so Einfaches und Alltägliches – mit entsprechendem Bewußtsein vollzogen – beitragen kann, Heilung zu fördern.

Gedanken, Worte, Bilder, Gegenstände, Handlungen – wir alle benutzen sie und setzen sie gedankenlos, losgelöst und abgetrennt von ihrem energetischen Zusammenhang und ihrem Ursprung ein. Wer denkt schon über so etwas Nebensächliches wie das Händewaschen nach? Ich wasche meine Hände, weil sie schmutzig sind – das ist alles.

Kann ich meine Hände nicht auch in Unschuld waschen? Reinige ich sie nicht auch von der Energie der Dinge, die ich mit ihnen angefaßt habe? Spüle ich vielleicht seelische Spannungen ab? Gebe ich zurück, was ich nicht mehr brauche, so daß neues Leben daraus entstehen kann? Halte ich womöglich meine Hände in den Wasserstrahl, um frische neue Lebenskräfte in mich aufzunehmen? Das alles und viel mehr kann Händewaschen sein – ob ich mir dessen bewußt bin oder nicht. Was für mich tatsächlich passiert, hängt davon ab, inwieweit ich mich öffne und inwieweit ich mich auf das einstimme, was ist.

Händewaschen ist ein Ritual und in dem Maße vielschichtig wirksam, wie wir es mit Bewußtheit ausführen. Wenn ich mir vor einer Reiki-Behandlung die Hände wasche, sollte mir bewußt sein: Jetzt beginne ich, Universelle Lebensenergie durch meine Hände fließen zu lassen. Jetzt heilt etwas durch mich, jetzt stehen mir die heilenden Kräfte des Reiki zur Verfügung.

Mein Unterbewußtsein wird durch ritualisiertes Händewaschen zur Mithilfe angeregt. Vielleicht rufe ich darüber hinaus durch mein unbewußtes und überbewußtes Selbst sogar Wesen und Kräfte anderer Dimensionen zur Unterstützung herbei. Viele Menschen haben diese Erfahrung gemacht. Die älteste bekannte Lehre in der Geschichte der Menschheit über die Verbindung von Bewußtsein, innerem Kind und höherem Selbst sind die Überlieferungen der Kahunas auf Hawaii. Wir empfehlen jedem, der sich über Reiki hinaus vertiefend mit diesen Zusammenhängen beschäftigen möchte, die im Anhang aufgeführte Literatur über Huna.

Reiki fließt und heilt, sobald wir die Hände auflegen. Rituale vermitteln Hoffnung und den Glauben an Heilung. Sie sprechen das Unbewußte im Menschen an. Wahrscheinlich geben sie unserem Überbewußten die Möglichkeit, helfend einzugreifen. Es ist auf jeden Fall von Nutzen, einen rituellen Raum zu schaffen, wenn wir uns selbst oder anderen Menschen Reiki geben.

Empfehlungen für Reiki-Sitzungen

Auf einer praktischen Ebene ist jede Handlung, die wir mit entsprechendem Bewußtsein ausführen, ein Ritual. Alle Empfehlungen zum Ablauf einer Behandlung, die in den Kursen zum 1. Reiki-Grad gegeben werden, können wir somit als Rituale auffassen. Bei den folgenden Empfehlungen ist es nicht wichtig, sie immer und vollständig auszuführen. Wichtig ist es, den hinter den Empfehlungen stehenden Geist zu erfassen und situationsgerecht umzusetzen.

Wenn wir Reiki für uns selbst oder für jemand anders anwenden, sollte von uns eine Atmosphäre von Ruhe und Gelassenheit, eine meditative Stille ausstrahlen, die dem Empfänger ein Gefühl der Achtung der Energie gegenüber wie von selbst ermöglicht.

- Vor und nach der Behandlung die Hände waschen oder dicht an einer Kerzenflamme vorbeiführen oder sie aneinanderreiben.
- Metallene Gegenstände ablegen, um Störungen im Energiefluß zu vermeiden. Reiki durchdringt Kleidung und Verbände. Der Handabstand zum Empfänger sollte nicht größer als drei bis fünf Zentimeter sein.
- Die Körperhaltung der Beteiligten ist so bequem wie möglich, Arme und Beine werden nicht gekreuzt.
- Zur Kontaktaufnahme zum Beispiel das *Gas Sho* (die Entsprechung des indischen *Namaste*) ausführen, wobei Handfläche gegen Handfläche als Ausdruck von Verehrung, Dankbarkeit und Demut gelegt wird:
Vor dem Herzen: Ich nehme meine Licht- und Schattenanteile liebevoll an.

Vor der Stirn: Ich danke für meine innere Führung und dafür, Reiki durch mich fließen lassen zu dürfen.

Mit einer Verneigung vor dem Empfänger: Ich achte deine persönliche Art und Weise, Reiki zu nutzen, und übergebe die Verantwortung dafür an eine höhere Instanz. Ich lasse mein Ego los.

- Die Finger werden bei der Ausführung der Positionen zusammengelegt.
- Eine Behandlung wird möglichst vollständig und in der Reihenfolge 1 bis 12 durchgeführt. Daran anschließend können Problembereiche zusätzlich behandelt werden. Je nach den Umständen kann man die Normalzeit von fünf Minuten pro Position verkürzen oder verlängern.
- Die Aura des Empfängers wird vor der Behandlung dreimal geglättet: Die linke Hand liegt auf dem eigenen Herzen, die rechte Hand streicht in geringem Abstand vom Kopf zu den Füßen des Empfängers und wird dicht am eigenen Körper vorbei zurückgeführt.
- Die Aura des Empfängers wird nach der Behandlung dreimal vom Kopf zu den Füßen geglättet, wobei die linke Hand diesmal auf dem Herzen des Empfängers liegt.
- Am Schluß wird einmal der Energieaufstrich vom Hara zum Kopf in der senkrechten Körperachse durchgeführt.
- Musik (insbesondere rein gestimmte auf den Grundton cis), ätherische Öle und Räucherwerk tragen zusätzlich dazu bei, eine angenehme Stimmung zu erzeugen.

Wenn wir uns während der Reiki-Sitzung vertrauensvoll nach innen sinken lassen, wenn in einer Atmosphäre der Stille und Geborgenheit der Verstand zur Ruhe kommt und sich der Blick auf die eigene innere Welt richtet, so können in uns Bilder der Seele aufsteigen, die uns einen Teil der Wahrheit über uns selbst offenbaren.

Die innere Schau kann auch über Persönliches weit hinaus-gehen und uns Zusammenhänge des Universums aufzeigen. Das durch die hohen Schwingungen aktivierte Stirn-Chakra (Drittes Auge) mag uns einen Eindruck der Raum- und Zeitlo-sigkeit unserer wahren Natur vermitteln. So ist es durchaus möglich, daß sich unser Zeitgefühl vorübergehend ändert. Dieses Gefühl einer Zeitverzerrung wird allgemein als ange-nehm empfunden und ist keinesfalls ein Grund zur Besorgnis, ebensowenig wie das Gefühl einer inneren Zartheit oder Ver-letzlichkeit.

Während der Reiki-Sitzung vermischen sich die persönli-chen Energien von Behandler und Empfänger nicht, weder in die eine noch in die andere Richtung. Reiki ist einfach nur der Durchfluß der göttlichen Energie hin zum Empfänger. Wir können uns also getrost entspannen und uns der Universellen Lebensenergie öffnen.

Fühlen wir uns nach einer Reiki-Sitzung verletzlich, so sollten wir uns schonen, uns ausruhen und durch Achtsam-keit für unser äußeres Wohlbefinden den inneren Prozeß der Heilung und Integration unterstützen. Vielleicht ist es auch ratsam, sich für den Rest des Tages keine größeren Verpflich-tungen mehr vorzunehmen. Wir können die durch den Reiki-Prozeß erzeugte innere Entspannung und Gelassenheit natür-lich auch dafür nutzen, sonst stets streßgeladene Situationen leichter und erfolgreicher zu bewältigen. Und falls wir nach einer Reiki-Sitzung vor Tatendrang nur so sprühen sollten, lassen wir die Außenwelt doch einfach an unserem Schwung teilhaben.

Die Geschenke des 1. Reiki-Grades

Nachdem wir nun schon vieles zur Technik des 1. Reiki-Grades gesagt haben, wollen wir darüber hinausgehend einige mehr allgemeine Themen ansprechen und uns den Wachstumsprozessen zuwenden, die durch den 1. Reiki-Grad ausgelöst werden können.

Reiki ist ein Geschenk. Das Geld, das wir für die Einweihung bezahlt haben, ist nicht die Gegenleistung für Reiki. Es ist, wie wir schon erläuterten, nur der Ausgleich für die Erfahrung, Zeit und Energie des Reiki-Lehrers oder der Reiki-Lehrerin. Reiki bekommen wir umsonst. Und wenn wir dieses Geschenk im Rahmen der Selbstbehandlung zu nutzen wissen, gilt hier im wahrsten Sinne des Wortes: Hilf dir selbst, dann hilft dir Gott. Das heißt, wir kommen plötzlich zu neuen Einsichten. Ereignisse und Menschen, die uns fördern, treten völlig natürlich und mühelos in unser Leben. Dies ist kein Versprechen, sondern unsere Erfahrung, die wir mit all den Menschen teilen, die uns über ihre ganz persönlichen Erlebnisse mit Reiki berichtet haben. Und es ist sehr wichtig zu wissen: Je weniger wir selbst erreichen wollen, desto mehr Energie kommt in Bewegung. So ist das eben mit Geschenken.

Spiritualität und Körperlichkeit

Der Reiki-Schüler, der den 1. Grad erhalten hat, tut gut daran, die Idee loszulassen, er sei nun »spirituell geworden« – obwohl bereits der 1. Grad den Weg in die Spiritualität öffnen kann und will. Es ist ganz wichtig, sich daran zu erinnern, daß es unmöglich ist, in spirituelle Höhen vorzudringen, ohne zunächst *körperlich* zu werden. Der Einstieg in den Reiki-Prozeß wird genau das unterstützen.

So beobachteten wir häufig, daß jemand plötzlich wieder Gefallen am Tanzen, an langen Spaziergängen, am Radfahren und anderen körperlichen Betätigungen fand. Generell verstärkten sich dabei die sinnliche Wahrnehmung und die Freude am sinnlichen Erleben, wobei auch die Freude an der Sexualität eine wichtige Rolle spielte. Wir erlebten darüber hinaus, daß Reiki-Schüler und -Schülerinnen nach der Einweihung in den 1. Grad gleichzeitig zur Reiki-Praxis auch körperorientierte Therapien zu praktizieren begannen.

Selbstliebe

Das Trommelfeuer der Umweltreize – besonders in den großen Städten – ist immer schlechter zu ertragen. Prestigedenken, das Menschen nur an materiellen Erfolgen, nie aber an geistigen und moralischen Qualitäten mißt, schafft unentwegt Barrieren, obwohl zwischenmenschliche Berührungspunkte in der sich ständig steigernden Hetze und Schnelligkeit im Alltag immer wichtiger werden.

Aber es ist nicht nur die Außenwelt, die uns kontinuierliche Höchstleistungen abverlangt. Viele Menschen haben angesichts der Komplexität der Probleme in diesen Zeiten völlig vergessen, sich selbst zu achten und für die Pausen zu sorgen, die für die Regeneration von Körper, Seele und Geist lebensnotwendig sind.

Wer sich niemals eine Pause zum Nichtstun und Faulsein gönnt, braucht sich nicht zu wundern, wenn diese hektische Lebensweise ihn krank macht. Dabei ist es heute wichtiger denn je, daß wir uns mit etwas Liebe selbst verwöhnen.

Die Reiki-Eigenbehandlung ist die denkbar einfachste und effektivste Methode, eine Stunde des Ausruhens nicht nur als

Abstand von Streß und Anspannung und als Loslassen äußerer und innerer Irritationen zu erleben – die Reiki-Kraft lädt in dieser Stunde die Lebensbatterie neu auf.

Wahrnehmen

Die Reiki-Eigenbehandlung ist – neben ihren ausgleichenden, reinigenden und integrierenden Wirkungen – eine unschätzbare Hilfe beim Hineinwachsen in meditatives Erleben.

Wenn wir nach den Einweihungen in den 1. Reiki-Grad damit beginnen, uns möglichst täglich für eine Stunde die Hände in den Grundpositionen auf den Körper zu legen, mag die erste Herausforderung darin bestehen, in dieser Zeit dem äußeren Verstand nicht zu gestatten, sich weiter pausenlos mit den Ereignissen und Problemen des Alltagslebens zu beschäftigen.

Geschieht es doch, so ist es keinesfalls tragisch, denn die Reiki-Kraft fließt unbehelligt von der Verstandestätigkeit durch unsere Hände. Wenn es uns aber gelingt, während der Reiki-Selbstbehandlung unsere Aufmerksamkeit ohne Anspannung – und doch beharrlich – auf unseren Händen und den jeweils abgedeckten Körperbereichen verweilen zu lassen, können wir nicht nur den Fluß der Reiki-Kraft bewußter wahrnehmen, uns gelingt mittels unserer Aufmerksamkeit auch ein unmittelbarer Einstieg in einen meditativen Prozeß . . . und das von Anfang an.

Die Beobachtung körperlicher Phänomene fällt uns meist am leichtesten, deshalb sollte auch damit begonnen werden. Die innere Aufmerksamkeit wird von dem Körperteil, dem wir uns bewußt zuwenden, automatisch angezogen. Sicher werden wir in dieser Zeit der Ruhe, der Entspannung und der Beobachtung des Fließens der Reiki-Kraft neben körperlichen Regungen auch Gefühle wahrnehmen. Das mag ein aufgestauter Ärger sein, eine runtergeschluckte Enttäuschung, ein

Selbstvorwurf oder die Freude über das Wiedersehen mit der Tochter, die gerade von einer Ferienreise nach Hause zurückgekehrt ist.

Die entspannte, ruhige, liegende oder bequem sitzende Körperhaltung schafft auf der physischen Ebene eine ideale Voraussetzung, aufsteigende Gefühle während der Reiki-Selbstbehandlung zu beobachten, sie einfach sein zu lassen, ohne ihnen Energie zu geben. Das würden wir tun, wenn wir ihnen nachgeben, Gedanken bewußt weiterdenken und uns hineinsteigern. Hier geht es im Gegenteil wirklich nur darum, das, was momentan ins Bewußtsein tritt, einfach anzuschauen und wie einen Film vorüberziehen zu lassen. Vor allem sollten wir dabei nichts bewerten, unser Innenleben nicht in Gut und Böse in »Das darf man« und »Das tut/denkt/fühlt man nicht« einteilen, sondern einfach nur einverstanden sein mit dem, was da ist. Einfach, weil es da ist. Es ist sowieso da, ob wir es uns nun eingestehen oder nicht. Es muß uns nicht gefallen, was wir empfinden, aber auch das sollte in dieser Zeit unwichtig sein.

So können wir nach und nach erleben, wie sich negative Dinge scheinbar wie von selbst aufzulösen beginnen und im Nichts verschwinden – nur dadurch, daß wir schauen, ohne zu urteilen. Nichts weiter ist erforderlich. Und langsam wird uns mit der Zeit bewußt, daß wir uns freier, leichter, froher und glücklicher fühlen.

Bei der Wahrnehmung des Fließens der Reiki-Kraft, der Körperreaktionen und der aufsteigenden Gefühle und Gedanken ist die Beobachtung des Atems ein klassisches Hilfsmittel. Steigen Gedanken und Gefühle in uns auf, so lenken wir ganz einfach unsere Aufmerksamkeit wieder dem Atem und unseren Händen zu. Vielleicht wollen sie ja gerade in diesem Moment in die nächste Grundposition wechseln. Wir lassen es geschehen und sind auf diese Weise nicht nur wieder etwas mehr in Kontakt mit der Intelligenz unseres Körpers, sondern auch wieder etwas mehr in die Meditation eingetaucht, in die Betrachtung dessen, was gerade ist. So kann jede Stunde einer Selbstbehandlung mit Reiki zu einer Stunde der Meditation werden, zu einer Stunde, aus der wir nicht nur körperlich erfrischt und entspannt, sondern vor allem auch geistig-seelisch aufgeladen wieder in unseren Alltag gehen können – vielleicht sogar mit einem Lächeln.

Wenn wir uns vor dem Schlafengehen eine Reiki-Stunde gönnen, so nehmen wir die Gelöstheit und erweiterte Bewußtheit mit in den Schlaf, wo sie weiter wirken und uns den Einstieg in den nächsten Tag leichter machen.

Schon die Praxis des 1. Reiki-Grades kann uns helfen, uns körperlich fit, kraftvoller und einfach gesünder zu fühlen. Darüber hinaus stellt sich durch die sich immer mehr vertiefende Betrachtung von Gefühlen und Gedanken ein innerer Abstand dazu ein, der Raum schafft für mehr Gelassenheit im Umgang mit den Alltagsproblemen. So wächst auch immer mehr innere Freude, ohne daß äußere Ereignisse dies auszulösen scheinen. Unser Wahrnehmungsvermögen im Alltag vertieft sich auf allen Ebenen.

Liebe deinen Nächsten wie dich selbst

Je öfter wir uns selbst von der Reiki-Kraft durchfluten lassen und je bewußter und entspannter das geschieht, desto leichter wird uns der Zugang zu unserer eigenen inneren Wirklichkeit fallen. Wir entfalten zudem ein neues Selbstbild, indem wir uns nicht mehr mit anderen Menschen vergleichen müssen, sondern uns als einzigartiges Individuum erkennen. Dies sind Qualitäten und Einsichten, die mit der Entwicklung des Herz-Chakras einhergehen, des Energiezentrums in uns, das ganz von selbst immer wieder mit Reiki gestärkt wird.

Je mehr unser Selbstvertrauen und unsere Selbstachtung wachsen, desto eher können wir auch unseren Nächsten akzeptieren, schätzen und lieben. Es ist ein großes Mysterium, daß das Leben ganz von selbst mit all seinen Geschenken und Möglichkeiten zu uns kommt, wenn wir uns selbst achten und lieben.

Buddha lehrte: »Liebe dich selbst und betrachte die Welt.« Indem wir von Anfang an den sich mehr und mehr verstärkenden Energiestrom in den Händen und im ganzen Körper mit einer gewissen staunenden Dankbarkeit beobachten, folgen wir schon Buddhas Rat. Und die Sache mit dem Kollegen, dem Nachbarn, unserem Partner, unserem Nächsten – die wird sich auch noch zum Guten wenden.

Reiki von der ersten Selbstbehandlung an als Meditation zu erfahren, als einen wunderbaren Helfer auf dem Weg nach innen zu mehr Bewußtheit, Glück, Lebenserfüllung, Freiheit – wir wünschen uns, unseren Lesern und Leserinnen diese Möglichkeit nahegebracht zu haben. Für uns ist Reiki auch in diesem Sinne ein Geschenk. Wir brauchen es nur anzunehmen.

Reiki, Freiheit und Alltag

»Die jenseitige Welt erkenne ich dadurch, daß ich in der Welt bin, in der ich bin«, sagt Bruce Davis in seinem Buch *Das magische Kind in dir.* Der Weg, der zur inneren Freiheit führt, ist der Weg in die Bewußtheit, Bewußtheit, die sich zunächst in den ganz normalen Handlungen des Alltags wiederfinden muß.

Die Reiki-Kraft, die Universelle Lebensenergie, fließt in jede Alltagshandlung in dem Maße ein, wie wir uns dessen bewußt sind und es zulassen. Jedes Händeschütteln mit dem Nachbarn, die Umarmung der Kinder, die von der Schule nach

Hause kommen – alles kann mehr und mehr zu »Reiki« werden. So wird Reiki immer selbstverständlicher, normaler, unkomplizierter, natürlicher. Und genau das ist ja diese Universelle Lebensenergie. Sie stellt nichts Abgehobenes oder Esoterisches dar, sondern das Leben selbst ist ihr Ausdruck.

Die Reiki-Literatur ist voller Bespiele aus dem Alltagsleben. Auch Tiere und Pflanzen gedeihen besser, wenn sie mit der Reiki-Kraft liebevoll bestrahlt werden. Uns wurde berichtet, daß zwei Katzen, die sich nicht vertragen konnten, friedlich nebeneinander auf dem Sofa Platz nahmen, als sich die Besitzerin selbst Reiki gab. Reiki läßt sich außerdem mit Kristallen, Bachblüten, Homöopathie und vielem anderen kombinieren; die Anwendungsbereiche der Reiki-Kraft sind mannigfaltig.

Da die Reiki-Kraft nicht hierarchisch gestaffelt ist, obwohl die Grade in gewissem Sinne aufeinander aufbauen, reicht es vielen Menschen, in den 1. Grad eingeweiht zu sein. Für sie besteht nicht die Notwendigkeit einer Einweihung in den 2. Grad oder in weitere Grade. Jeder Grad ist in sich geschlossen und vollständig. Die Reiki-Kraft durchdringt nach und nach alle Ebenen und erreicht so unseren physischen, emotionalen, mentalen und spirituellen Körper. Je weniger wir dabei selbst erreichen wollen, desto mehr Energie kommt in Bewegung.

Selbstbild und Bescheidenheit

Freiheit bedeutet, die Möglichkeit zu haben, innerlich loslassen zu können. Die Universelle Lebensenergie, die Energie jenseits der Persona, führt uns, richtig verstanden, zum Loslassen aller Identifizierungen und alles Erreichten. Sie will uns auch ermutigen, das Vergrößerungsglas wegzuwerfen, durch das wir unsere eigenen Fortschritte gern betrachten, womöglich sogar unsere sogenannten Heilerfolge mit ihr.

Die Begegnung mit anderen Menschen gibt uns Kraft; das Alleinsein schenkt uns Klarheit. Wie in allen Lebensbereichen bringt erst die Balance wahre Harmonie. Die Reiki-Praxis kann uns helfen, zu dieser Balance zu finden, indem wir von den Selbstbehandlungen im Laufe der Zeit auch auf die Behandlung anderer Menschen übergehen.

Keinesfalls aber sollten Reiki-Behandlungen anderen Menschen förmlich aufgedrängt werden, was im Sinne einer missionarischen Einstellung leider immer wieder zu beobachten ist. Einige Mitmenschen laufen an diesem Punkt Gefahr, sich aus Mangel an Selbstliebe sozusagen in einer selbstaufgebenden Nächstenliebe zu verströmen, wobei sie in der Reiki-Behandlung für andere ein wirksames neues Mittel sehen.

Beruf und Intelligenz

Die Universelle Lebenskraft umfaßt als Intelligenz des Herzens auch die Möglichkeit einer Steigerung intellektueller Fähigkeiten. Wir selbst und viele unserer Reiki-Freunde konnten dieses im Laufe des Reiki-Prozesses beobachten. Wir behaupten damit selbstverständlich nicht, daß Reiki jedem Menschen zum Intelligenzquotienten eines Genies verhilft. Doch lassen die aus der Lernpsychologie bekannten negativen Zusammenhänge zwischen Denkfähigkeit und Streß oder Angst solche Wirkungen der Reiki-Praxis durchaus wahrscheinlich erscheinen.

Erinnern wir uns: Reiki fließt durch das Herzzentrum, und eine Entwicklung des Herz-Chakras geht immer einher mit der Entwicklung von Vertrauen und der Fähigkeit, loslassen zu können, so daß für Angst immer weniger Raum bleibt.

Auch im Zusammenhang von Beruf und beruflicher Weiterentwicklung können positive Wirkungen der Reiki-Praxis beobachtet werden. Die Reiki-Kraft ist von ihrer Natur her pure Energie und reine Freude. Warum sollte sie nicht auch in den beruflichen Bereich einfließen und zum Beispiel einen guten Manager zu einem noch besseren Manager machen? Auch die intuitive Komponente der Reiki-Kraft trägt sicher dazu bei, im Beruf noch erfolgreicher zu werden. Mit Hilfe der Intuition vermögen wir aus der unendlichen Vielzahl von Fakten, Bedingungsfaktoren und Vernetzungen das Richtige zur richtigen Zeit zu erkennen und in ökonomisch und ökologisch sinnvolle Handlungen umzusetzen.

Säen und ernten

Die meisten Menschen in der westlichen Welt kommen leider immer erst dann zur Besinnung, wenn es ihnen schlechtgeht, wenn sie krank oder deprimiert sind. Sich dann selbst Reiki zu geben oder sich von einem anderen Menschen behandeln zu lassen, stellt natürlich einen großen Gewinn dar. Doch damit gehen wir von einem negativen Ansatz aus. Der positive Ansatz lautet: Ich gebe mir selbst und den anderen Reiki, wenn es mir und den anderen gutgeht.

Ist es nicht auch viel schöner, uns selbst und anderen gerade dann etwas Heilsames in Form einer Reiki-Sitzung zu gönnen, wenn wir voller Kraft und Lebensfreude sind? Gerade dann, wenn wir uns stark und ausgeglichen fühlen und wir dann die Reiki-Kraft fließen lassen, meditieren oder beten, legen wir positive Grundlagen – wir säen. Wir werden davon in schwachen Phasen profitieren und ein Tief besser überstehen können, weil wir etwas zu ernten haben. Auf diese Weise läßt sich sogar Krankheiten vorbeugen.

»Mir geht's gerade so gut!« – das ist der Moment, um Reiki fließen zu lassen, das ist der Moment, sich und andere wirklich zu bereichern und zu erfreuen, anstatt immer darauf zu warten, bis wir wieder einmal so schwach sind, daß wir eine Behandlung bitter nötig haben.

Uns ist bewußt, daß wir mit diesen kurzen Ausflügen in mögliche Wirkungen der Reiki-Einweihung und -Praxis auch Erwartungshaltungen wecken. Das ist jedoch nicht das Ziel dieses Kapitels.

Wir wollen allerdings über einfache Empfehlungen zur Anwendung der Reiki-Techniken hinausgehen und eine Vorstellung von der tieferen Dimension geben, die wir mit Reiki verbinden. Deshalb erinnern wir an dieser Stelle wieder an eine ganz wesentliche Grundlage des Reiki-Prozesses: Wer mit der Erwartung bahnbrechender Effekte an die Reiki-Behandlung herangeht, wer ganz schnell Resultate herbeihandeln will, wird sicher enttäuscht werden.

Beginnen wir also ganz einfach, den Fluß der Reiki-Kraft zu beobachten, unsere Reaktionen, unsere vielleicht auftretende Ungeduld und unsere Zweifel an dem, was wir da machen. Je mehr der äußere Verstand dabei in den Hintergrund tritt, desto mehr werden wir wahrnehmen, was geschieht. Dabei geht es um eine aktive Empfangsbereitschaft, um eine dynamische Erlebnisbereitschaft im Sinne eines eigenverantwortlichen Wunsches nach ganzheitlicher Expansion, keinesfalls jedoch um eine infantile Erwartungshaltung.

Letzten Endes ist die Erfahrung Universeller Lebensenergie ein mystisches Erlebnis, das weit über unseren Verstand hinausreicht. Vor zweitausend Jahren beschrieb Heraklit Energie als etwas, das wie ewiges Feuer lebt, das wirkt, das in Bewegung, im Prozeß, im Werk erlebt wird. Gönnen wir uns selbst die Erfahrung, diese fließende Kraft universeller Natur bei ihrem Wirken zu erleben. Der Kanal dafür war in uns immer da. Wir hatten es nur vergessen.

Der 2. Reiki-Grad:
Symbole und die Überwindung
von Raum und Zeit

Wir sind der Meinung, daß sich jemand erst in den 2. Reiki-Grad einweihen lassen sollte, wenn er mit dem 1. Grad bereits einige Zeit gearbeitet hat, denn es geht nicht darum, Wissen anzuhäufen, sondern das, was man kennt, anzuwenden.

Die Frage, was Symbole und Mantras sind, beschäftigt uns in den anschließenden Kapiteln. Ihre aufschließende Kraft ist nur dem Eingeweihten zugänglich. Die Veröffentlichung von Symbolen und Mantras des 2. Reiki-Grades halten wir allerdings nicht für richtig und begründen unsere Anschauung ausführlich.

Soweit es sinnvoll und zum Verständnis hilfreich ist, beschreiben wir inhaltlich die drei Symbole des 2. Reiki-Grades. Wir veröffentlichen einige der Techniken, die Symbole einzusetzen, um in möglichst vielen Menschen den Wunsch zu wecken, sich Reiki zuzuwenden, um Absolventen des 2. Grades hinsichtlich der Erinnerung, Anregung und Vertiefung ihres Wissens zu dienen und um letztlich insgesamt die Ausdehnung des Reiki beschleunigen zu helfen.

Die Möglichkeiten in der Anwendung der Symbole des 2. Reiki-Grades sind nur durch unser eigenes Vorstellungsvermögen begrenzt. Für uns sind die Entwicklungschancen, die mit den Symboltechniken verbunden sind, Geschenke. Im weiteren wollen wir einige Anregungen geben, was wir mit diesen Geschenken tun können.

Die Möglichkeit, mit Reiki die eigene, vielleicht belastende Vergangenheit loslassen zu können, erläutern wir ebenso wie die Tatsache, daß Reiki uns helfen kann, wieder mit unserem inneren Kind, unserem weiblichen und männlichen Anteil in Kontakt zu kommen. Unsere Betrachtungen und Hinweise zum 2. Reiki-Grad schließen wir mit einigen Anregungen zur Nutzung von Reiki in Ehe, Familie und Partnerschaft ab.

Immer wieder besteht der Kern des Reiki-Prozesses im Loslassen dessen, was wir erreichen wollen. So können wir lernen, darauf zu vertrauen, daß die Universelle Lebensenergie, die Energie der Liebe, die Dinge letzten Endes so ordnet, wie wir es selbst nicht besser hätten machen können.

Für wen ist der 2. Reiki-Grad sinnvoll?

Der Schwerpunkt des 1. Grades ist die Ebene des Körperlichen und die Hinwendung zum eigenen Selbst. Aufmerksamkeit für das Hier und Jetzt sowie Zeit und Liebe für sich selbst stellen im Kern die Bereiche dar, in denen der 1. Reiki-Grad besonders wirksam und nutzbringend erfahren werden kann.

Die Möglichkeiten des 1. Grades können im Laufe einer menschlichen Lebensspanne kaum erschöpft werden, zumal sich die Tiefe des Erlebten und auch die Art und Weise der Verarbeitung mit fortlaufender Praxis verstärken und wandeln. Die Möglichkeiten des 1. Reiki-Grades beschränken sich keineswegs auf die sture Wiederholung irgendwelcher Positionsabfolgen, sondern sie lassen jede Anwendung, jede Hinwendung zu sich selbst zu einem völlig neuen, einzigartigen Erlebnis werden. Die innere Reinigung, deren intensive Phase in den Seminaren mit einundzwanzig Tagen angegeben wird, dauert in Wirklichkeit weiter an, ja sie hört eigentlich nie ganz auf.

Für viele Menschen ist es also überhaupt nicht notwendig, mit weiteren Reiki-Graden noch mehr Möglichkeiten zu bekommen, als sie mit dem 1. Grad bereits haben. Wer allerdings sein »Handwerkszeug« durch weitere Fähigkeiten ergänzen möchte, dem bieten sich mit dem 2. Reiki-Grad völlig neue Wege an, Reiki für sich und andere zu nutzen. Voraussetzung hierfür ist aber auf jeden Fall eine gewisse Erfahrung in der Anwendung der Möglichkeiten des 1. Grades.

Jemand, der zum erstenmal durch die Einweihung in den 1. Reiki-Grad bewußt mit energetisch-spirituellen Schwingungen in Berührung kommt, wird einige Zeit brauchen, diese

Erlebnisse zu integrieren. Nach unserer Erfahrung sind in einem solchen Fall die einundzwanzig Tage – besser noch einige Monate – der inneren Reinigung das absolute Minimum, bevor mit der Einweihung zum 2. Grad ein weiterer Energieschub zu neuem Wachstum beitragen kann. Der Vollständigkeit halber sei an dieser Stelle darauf hingewiesen, daß es in Ausnahmefällen durchaus sinnvoll sein mag, einen Reiki-Schüler in einem wesentlich kürzeren Zeitraum in mehrere Reiki-Grade einzuweihen. Dieser Weg ist dann einzuschlagen, wenn der Schüler oder die Schülerin durch eine entsprechende Vorbildung mit Energiearbeit sehr vertraut ist. Jeder Reiki-Lehrer und jede Reiki-Lehrerin sollte in diesem Zusammenhang ebenso flexibel wie verantwortungsbewußt handeln.

Symbole und Mantras

Wenn wir das Wesen von Symbolen erfahren wollen, müssen wir bereit sein zu akzeptieren, daß die Wirklichkeit über das, was wir mit unseren fünf Sinnen wahrnehmen, hinausgeht. Wer Reiki praktiziert, vermochte schon etwas von diesen anderen Energieebenen zu spüren. Die Einweihung hat eine Tür in die Ebene der Universellen Lebensenergie, der Liebe und Heilung geöffnet. Wir haben erfahren, daß immer auch diese »andere« Wesensseite der Dinge erforderlich ist, damit Reiki fließt. Wir durften erleben, daß es eine »andere Seite« gibt.

Zeit und Raum sind Begriffe, die unser analytischer Verstand benutzt, um unsere Wirklichkeit zu erfassen. Zeitlosigkeit oder Raumlosigkeit vermag sich unser Verstand einfach nicht vorzustellen. Dafür ist er nicht geschaffen. Hier liegt der Grund, warum scheinbar übernatürliche Phänomene von vielen Menschen als Einbildung, als Mystik oder schlichtweg als Blödsinn abgetan werden. Was der Verstand nicht berechnen kann, existiert für ihn einfach nicht. Kollektiv verfügt der menschliche Verstand noch über zu wenige Erklärungsmodelle, in die er solche Erfahrungen einordnen kann.

Wieweit derartige Blindheit geht, zeigt sich zum Beispiel in der modernen Medizin. Es existiert eine Fülle von Literatur zum Thema Krebs, doch die Tatsache, daß selbst bei sogenannten unheilbar Kranken Spontanheilungen auftreten, wurde bis vor kurzem schlichtweg geleugnet. Erst in jüngster Zeit haben die Mediziner für solche Fälle immerhin einen Terminus technicus eingeführt: spontane Remissionen. Diese Fälle passen in keiner Weise in das heutige medizinische Weltbild. Systematische Untersuchungen darüber gab es bisher fast überhaupt nicht, weil offenbar nicht sein kann, was nicht sein darf.

Wirkungen ohne Ursachen, Ursachen ohne Wirkung widersprechen aller Vernunft. Wie kann jemand irgendwo ankommen, bevor er losgefahren ist? In Grenzbereichen der Mathematik oder Physik wird heute mit vier- und höherdimensionalen Modellen gearbeitet. Die Ergebnisse dieser Berechnungen sind dem praktischen Verstand allerdings nicht zugänglich. In der Quantenphysik wurden Elementarteilchen beobachtet, die sich in der Zeit rückwärts bewegen. Die christliche Kirche lehrt, daß Gott keinen Anfang und kein Ende hat.

Was hat das alles mit Reiki zu tun? Im 2. Reiki-Grad wird mit Symbolen und Mantras gearbeitet, die jenseits von Raum und Zeit wirken. Es werden Dimensionen einbezogen, die unserem Verstand nicht zugänglich sind, die uns lehren, unsere Begriffe von Zeit und Raum zu erweitern.

Der aus dem griechischen stammende Begriff »Symbol« bezeichnet ursprünglich eine aus zwei Bruchstücken zusammengesetzte Schale, die als Erkennungszeichen zwischen Freunden und Vertragspartnern fungierte. Heute verstehen wir darunter ein Sinnbild, das in seiner Ausdruckskraft den Inhalt eines vorgestellten Gegenstands oder eines vorgestellten Ereignisses zur Anschauung bringt. Goethe spricht von der aufschließenden Kraft des Symbols. Mit den Symbolen des 2. Reiki-Grades erhalten wir drei Schlüssel, die Türen in andere Ebenen des Seins öffnen.

Mantras sind heilige Laute, die bei Einweihungsriten und im Verlauf spiritueller Schulung vom Lehrer an den Schüler weitergegeben werden. Lama Govinda ist einer der ersten bekannten tibetischen Lehrer, die der westlichen Welt die Erkenntnisse und Einsichten östlicher Weisheit nähergebracht haben. Seine in dem Buch *Grundlagen tibetischer Mystik* gemachten Aussagen zu Mantras gelten sinngemäß auch für die Verwendung von Symbolen: »Mantras haben Kraft und Bedeutung nur für den Eingeweihten, daß heißt nur für den, der durch die besonderen Erfahrungen und Erlebnisse hindurchgegangen ist, aus dem das mantrische Wort oder die mantrische Formel entstanden und mit dem sie unlösbar in ihrem innersten Wesen verknüpft sind . . . Aber diese Erkenntnisse und Erfahrungen können nur durch einen in der lebendigen Tradition erfahrenen Guru und durch eigene Praxis, in Form ständiger Übung, erreicht werden. Erst nach einer derartigen Vorbereitung können Mantras Sinn haben, denn nur dann können sie die notwendigen gedanklichen und seelischen Assoziationen und die in früheren Erlebnissen aufgespeicherten Kräfte im Eingeweihten wachrufen und so die Wirkungen auslösen, für die das mantrische Wort geschaffen war.«

Das gleiche gilt auch für die Mantras und Symbole des Reiki. Das Besondere des Reiki ist jedoch, daß hierbei Erkenntnisse und Erfahrungen oder Vorbereitungen hier nicht in jahrelangen körperlichen und geistigen Übungen erarbeitet werden müssen. Die Symbole und Mantras werden im 2. Reiki-Grad *energetisch* durch den Reiki-Lehrer auf den Schüler übertragen. So macht es das Usui-System möglich, daß praktisch jeder Mensch wirksam mit Mantras und Symbolen umgehen kann, ohne sich einer jahrelangen Schulung unterziehen zu müssen und ohne daß eine bestimmte geistige Haltung oder ein bestimmter Glaube Voraussetzung ist.

Das heißt nun nicht, daß mit der Einweihung automatisch auch die Symbole in ihrer ganzen Bedeutung und Wirkung erkannt werden könnten. Erst eine lange Zeit der eigenen Praxis und der ständigen Übung führen den Schüler oder die Schülerin dahin, die Mantras und Symbole intuitiv und ganzheitlich zu erfassen. Wie schon im 1. Reiki-Grad ist dieser Lernprozeß nie abgeschlossen, denn jede erneute Verbindung mit den Symbolen und Mantras ist einzigartig und kann das Bewußtsein für ihre unendliche Bedeutungstiefe, die über Worte hinausgeht, erweitern. Obwohl ihr jeweiliger Anwendungszusammenhang, ihre Wirkungsrichtung festgelegt ist, werden Symbole und Mantras somit zu etwas ganz Persönlichem.

Die Problematik der Veröffentlichung von Mantras und Symbolen

Bis in die neunziger Jahre hinein wurden die Mantras und Symbole des Reiki nur mündlich vom Meister zum Schüler weitergegeben; nur in wenigen Ausnahmefällen legte man die Symbole schriftlich nieder. Die Mantras und Symbole gelten auch heute noch als geheim. Den Schülern und Schülerinnen wird das Versprechen abgenommen – oder es wird ihnen zumindest eindringlich ans Herz gelegt –, Dritten gegenüber keine Aussagen darüber zu machen, wie die Symbole aussehen oder wie die Mantras lauten. Dies gilt in besonderem Maße auch für die Einweihungsrituale.

Dieses Vorgehen hat bei vielen Menschen zu großem Unmut geführt, da sie meinen, ihrem kritischen Verstand werde etwas vorenthalten. Begründungen für die Geheimhaltung wie »Für mich sind sie zu wertvoll, um sie nur zur Befriedigung der Sensationslust abzudrucken« oder »Ich möchte nicht, daß mit ihnen sinnlos herumgespielt wird« waren nicht sehr geeignet, Einwände zu entkräften.

Wir Autoren sehen die Angelegenheit etwas nüchterner: Die Symbole des 2. Reiki-Grades werden vom Lehrer an den Schüler weitergegeben, damit dieser damit arbeiten kann. Sonst nichts.

Reiki und unsere damit verbundene Einweihungs- und Heiltätigkeit haben bei uns Gefühle und innere Einsichten wachsen lassen, die von Bescheidenheit über Ehrfurcht, Liebe, Wertschätzung bis hin zu göttlicher Gnade reichen. Das sind Dinge, die wir letztlich nicht beschreiben können. Was übrig bleibt, ist das Gefühl, daß es nicht richtig ist, Symbole, Mantras und Rituale jedem zugänglich zu machen, ohne einen entsprechenden Kontext dafür zu schaffen. Wir können nur darum bitten, daß diese Einstellung respektiert wird.

Hier nun noch eine Begründung, die über den Rahmen persönlicher Gefühle und Einsichten hinausreicht und geeignet ist, anhand neuerer wissenschaftlicher Erkenntnisse jedem, der verstehen will, einsichtig zu machen, daß der Grund für die Geheimhaltung von Mantras, Symbolen und Ritualen nichts mit Geheimnistuerei oder gar der Erhaltung persönlicher Macht zu tun haben muß: Lama Govinda erläutert, daß Symbole und Mantras Verbindungen oder Beziehungen zu »aufgespeicherten Kräften« herstellen, zu »gedanklichen und seelischen Assoziationen«. Rupert Sheldrake führt in seinem 1985 erschienenen Buch *Das schöpferische Universum* den Begriff des »morphischen Feldes« ein: Ein Kerngedanke Sheldrakes ist, daß alles, was irgendwann existiert hat, eine Art Bauplan liefert für das, was danach entsteht. Dieser Bauplan existiert unabhängig von Raum und Zeit wie eine Art Feld. Die Informationen werden an das neu Entstehende weitergegeben, indem zu diesem Feld eine Resonanzbeziehung hergestellt wird. Das, was neu entsteht, wird dann ähnlich dem sein, was bereits vorher existiert hat. Gleichzeitig werden die Informationen und Erfahrungen, die neu entstehen, auch in dieses Feld aufgenommen und stehen so weiteren Generationen zur Verfügung.

Ausgehend von Sheldrakes Hypothese können wir sagen, daß Symbole und Mantras Resonanzbeziehungen zum morphischen Feld all derer herstellen, die diese Symbole und Mantras bereits angewendet und mit Sinn, Inhalt und Bedeutung gefüllt haben. Unter diesem Gesichtspunkt betrachtet, ist es nicht eigentlich das Symbol oder das Mantra, das da wirkt, sondern die Gemeinschaft oder der Geist aller Wesen, die jemals mit diesen Formen und Lauten gearbeitet haben. Jeder, der diese Symbole und Mantras anwendet, bereichert und erweitert folglich die Erkenntnisse und Kräfte, die im morphischen Feld des Reiki gespeichert sind. Sie werden somit an alle weitergegeben, die auch mit diesen Symbolen arbeiten.

Wer diesem Gedankengang bis hierher gefolgt ist, dem leuchtet sofort ein, daß ein Herumspielen mit den Symbolen, Mantras und Ritualen oder gar wissenschaftliche Testserien, die beweisen sollen, daß das Ganze nicht funktioniert, Eingang in das morphische Feld des Reiki finden werden. Das würde langfristig zu einer Schwächung der Kraft und zu einer Verwässerung der Information führen. Die heilenden Kräfte des Reiki sind viel zu wertvoll, als daß sie einer solchen Gefahr ausgesetzt werden dürften.

Die Mantras, Symbole und Rituale sollen nur im Geist des Reiki genutzt werden. In der breiten Öffentlichkeit fehlt dieser Rahmen. Wir werden deshalb in diesem Buch keine tieferen Informationen zu diesem Thema weitergeben. Wir achten damit die Arbeit und den Geist all derer, die Reiki zu der Kraft und Verbreitung verholfen haben, die es heute besitzt.

Die Symbole verbinden uns auf eine besondere Weise mit Reiki, der Universellen Lebensenergie. Sie schaffen uns eine ganz persönliche Beziehung zu einer göttlichen Sphäre. Liebe zu allem, was ist, Achtung und Ehrfurcht vor diesem Geschenk legen uns einen Umgang mit ihnen ans Herz, der diesen Qualitäten entsprechen sollte. Jede und jeder Initiierte wird das auf die eine oder andere Weise so empfinden und sich in seinem Verhalten an diesen Qualitäten orientieren.

Warum aber die Veröffentlichung des sogenannten Meistersymbols? Dieses vierte Symbol des Reiki-Systems unterscheidet sich grundlegend von den drei Symbolen des 2. Reiki-Grades, was in den folgenden Erläuterungen zum 2. und 3. Reiki-Grad noch klarer werden wird. An dieser Stelle vorab nur soviel: Die Anwendung der Symbole des 2. Reiki-Grades ist mehr oder weniger vom Intellekt, von der Absicht und damit auch vom Ego des Praktizierenden geleitet. Die besondere Qualität des Meistersymbols besteht im Gegensatz dazu gerade darin, sich selbst zurückzunehmen, zu öffnen und alles geschehen zu lassen, absichtslos, aber geleitet von Liebe und einem nicht beschreibbaren Vertrauen darin, daß das Richtige geschehen wird. Das morphische Feld des Meistersymbols auf eine Weise zu verändern, die der Wirkung des Reiki abträglich wäre, ist auf dieser Ebene nicht möglich. Das Meistersymbol wirkt durch uns, nicht wir mit Hilfe des Meistersymbols. Andererseits sind es gerade auch die Qualitäten des Geschehenlassens sowie der Demut und der Hingabe an die Existenz als solche, die in der heutigen Zeit immer mehr Menschen in ihrer persönlichen Entwicklung eine unschätzbare Hilfe sein können.

Verschiedene Symbolschreibweisen

Die bis in die neunziger Jahre hinein geübte Praxis, die Symbole nur mündlich weiterzugeben und den Schüler oder die Schülerin so lange üben zu lassen, bis die Symbole mehr oder weniger korrekt gezeichnet werden konnten, hat zu verschiedenen Schreibweisen der drei im 2. Reiki-Grad verwendeten Symbole geführt. Hinzu kam, daß sich mehrere Reiki-Organisationen entwickelten, die sich zeitweilig gegenseitig die Kompetenz absprachen, so daß ein offener Kommunikationsfluß zwischen diesen verschiedenen Gruppen sehr erschwert war.

Als Reiki-Lehrer haben wir einige dieser Symbolvarianten kennengelernt, zum Teil von unseren Schülern, aber auch von anderen Reiki-Lehrern. Wenn wir diese verschiedenen heute verwendeten Symbole aufzeichnen, zeigen sich einige geringe Unterschiede in der äußeren Form. Jedoch sind die Abfolge und die Anzahl der verwendeten Striche und Bögen bei den verschiedenen Varianten gleich. Wenn wir sie mit der Hand in die Luft malen, entstehen Muster, die sich sehr stark ähneln. Die Grundstruktur ist über die Jahre hinweg offensichtlich gleichgeblieben.

Der Grund hierfür liegt unserer Meinung nach darin, daß die Anzahl der Reiki-Meister – besonders zu Zeiten des Großmeistertums – nur sehr klein gehalten wurde. Durch diese strenge Praxis haben die großen Reiki-Organisationen gewährleistet, daß die Symbole dem Wesen nach erhalten blieben, und ganz im Sinne von Lama Govinda auch dafür Sorge getragen, daß der Geist des Reiki durch »in der lebendigen Tradition stehende Gurus« geschützt wurde und wachsen konnte. Mit dem Aufkommen des freien Reiki-Meistertums und der damit stark anwachsenden Anzahl der Reiki-Meister/Lehrer in den letzten Jahren hat sich verschiedentlich – und unserer Meinung nach auch folgerichtig – die Praxis eingebürgert, Symbole und Mantras schriftlich weiterzugeben, um die korrekte Weitergabe sicherzustellen.

Wir sind der Auffassung, daß heutzutage niemand für sich in Anspruch nehmen kann, über die einzig richtigen Reiki-Symbole zu verfügen und die einzig richtige Schreibweise zu kennen. Wer vermag heute, nach so vielen Jahrzehnten mündlicher Überlieferung, diesen Weg bis zum Ursprung, also bis zur Wiederentdeckung durch Dr. Usui oder seinen ersten Nachfolgern zurückzuverfolgen? Wenn im Laufe der Zeit die Symbole niedergeschrieben wurden, erfolgte dies handschriftlich, so daß allein aus dieser lebendigen Übertragung leichte Abweichungen zu erklären sind. »Wahrheit ist das, was funktioniert«, sagt Buddha.

Die von uns zusammengetragenen Erfahrungen vieler Reiki-Lehrer und Reiki-Praktizierender lassen den Schluß zu, daß die verschiedenen Schreibweisen keinen Einfluß auf die Wirksamkeit der einzelnen Symbole haben. Jeder Reiki-Schüler des 2. Grades darf also getrost darauf vertrauen, daß die Symbole, die er gelernt hat und in die er von seinem Reiki-Lehrer eingeweiht worden ist, Schlüssel zur vollen Wirkung der Reiki-Kraft sind.

An dieser Stelle sei nochmals klargestellt: Ebenso, wie die Reiki-Kraft nur durch den Vorgang der Einweihung vom Meister auf den Schüler übertragen werden kann, entfalten die Symbole und Mantras des 2. Reiki-Grades erst dann ihre Wirkung, wenn sie von einem Reiki-Meister oder einer Reiki-Meisterin energetisch auf den einzelnen Schüler übertragen werden. Niemand kann ohne Einweihung in den 2. Reiki-Grad mit ihnen auf einer energetischen Ebene arbeiten.

In einem 1992 in der Zeitschrift *Reiki News* abgedruckten

Gespräch mit dem Reiki-Lehrer William L. Rand äußerte sich auch Großmeisterin Phyllis Lei Furumoto zu diesem Thema. Nach ihrer Ansicht ist das, was der Reiki-Schüler von seinem Reiki-Lehrer empfängt, das, was er empfangen soll, auch wenn es sich unterscheidet von dem, was andere Reiki-Lehrer ihren Reiki-Schülern vermitteln. So, wie mein Reiki-Lehrer die Symbole zeichnet, muß ich sie auch zeichnen. Bedeutungs-voll ist die Energie des Augenblicks, die beim Zeichnen des Symbols eingefangen wird. Frau Furumoto betonte auch, daß die Reiki-Symbole nicht von jedem genau gleich gezeichnet werden müssen, da jeder eine andere Handschrift hat. Zwei Dinge sind jedoch wichtig: die Absicht und die Form. Solange die Symbole erkannt werden können, sind sie auch korrekt gezeichnet worden. Nicht jede Linie muß dabei exakt ausge-führt werden.

Im Usui-System des Reiki erhalten die Schüler bei der Einweihung zu den drei Symbolen jeweils ein Mantra. Andere Reiki-Lehrer und -Lehrerinnen geben nur die Symbole weiter. Beide Vorgehensweisen dürften in der Praxis gleichermaßen gültig sein.

Die drei Symbole des 2. Reiki-Grades

Wie wir bereits ausgeführt haben, sollten Reiki-Symbole und Mantras nur den Menschen zugänglich gemacht sein, die sie auch tatsächlich im Geist des Reiki-Systems anwenden. Die Symbole und Mantras werden deshalb auch in diesem Buch nicht abgebildet beziehungsweise veröffentlicht. Allerdings stellten wir während unserer Tätigkeit als Reiki-Lehrer fest, das viele Reiki-Praktizierende des 2. Reiki-Grades über die Symbole, die sie benutzen, nur (noch) sehr wenig wissen. Hierfür gibt es mehrere Gründe. In den Reiki-Seminaren wird, da ja üblicherweise nichts schriftlich weitergegeben werden sollte, der größte Teil der Zeit für das Einprägen und Üben der Symbole genutzt. Dazu gibt es fast beliebig viele Möglichkeiten, wie diese Symbole angewendet werden können. Die Schüler und Schülerinnen lernen im Seminar zwar grundsätzlich, mit den Reiki-Symbolen umzugehen, für tiefere Informationen ist aber oft die Zeit zu knapp. Um die Symbole anzuwenden, ist es auch gar nicht nötig, ihren Sinngehalt oder ihre Bedeutung im Bewußtsein zu haben. Die Informationen darüber werden deshalb nach dem Seminar oft schnell vergessen.

Durch die Einweihungen wandeln sich die drei Reiki-Symbole zu Schlüsseln für Dimensionen jenseits von Zeit und Raum. Diese Dimensionen reichen, wie schon in anderem Zusammenhang erläutert, über die Grenzen unseres derzeitigen Verstandes hinaus. Die Symbole und Mantras können mit Worten nicht in ihrer Tiefe beschrieben, sondern nur intuitiv erfühlt werden. Erst in der Anwendung wachsen ein Wissen und ein inneres Verständnis tief im eigenen Herzen heran. Und ebenso, wie die Praktizierenden des 1. Grades erleben, daß jede Verbindung mit der Reiki-Kraft vollkommen neu sein kann, erleben wir mit den Mantras und Symbolen, wie sich uns auch hier immer wieder bislang unbekannte Dimensionen erschließen.

Die Worte und Sätze, die wir den drei Symbolen des 2. Reiki-Grades hier zugeordnet haben, sollen den Einstieg in diesen Erkenntnisprozeß leichter machen. Sie versuchen, Impulse zu geben, ohne zu begrenzen, und etwas zu vermitteln, das über Worte hinausreicht, sowie das, was vielleicht von vielen Schülern und Schülerinnen des 2. Reiki-Grades schon vergessen wurde, in Erinnerung zu rufen.

Das erste Symbol (auch 3er-Symbol)

Bedeutung: Kraft, Energie

Mögliche Bewußtseinsausrichtung bei der Anwendung: Befehl an die Universelle Lebensenergie.

Im Symbolnamen enthaltene Bedeutungen:
- Krummschwert, das eine geschwungene Linie zieht
- Eindringen, um ein Ganzes zu schaffen, wo nichts ist
- Transzendentaler Geist

Aufgabe des Symbols: Verstärken des Energieflusses

Anwendungsbeispiele:
- reinigen
- schützen
- Nahrungsmittel, die nicht mit Liebe zubereitet wurden, energetisieren
- Chemikalien im Leitungswasser neutralisieren
- Briefe, Kleidungsstücke und so weiter energetisieren.

Das zweite Symbol (auch 4er-Symbol)

Bedeutung: Heilung, Glück, Harmonie

Mögliche Bewußtseinsausrichtung bei der Anwendung:
Gott und Mensch sind eins

Im Symbolnamen enthaltene Bedeutungen:
- Embryonalzustand
- Dinge, die im Verborgenen sind
- Ursprung der materiellen Form
- aus dem Gleichgewicht Geratenes balancieren

Aufgaben des Symbols:
- Verbindung zum Unterbewußtsein herstellen
- Schwingung von Harmonie und Heilung herbeiführen
- den bewußten Verstand beruhigen und so erlauben, daß die unterbewußten Erinnerungen, die für eine Heilung wichtig sind, ins Bewußtsein aufsteigen können.

Anwendungsbeispiele:
- Mentalheilung
- harmonisieren
- Blockaden lösen

Das dritte Symbol (auch 22er-Symbol)

Bedeutung: Vereinigung, Einheit, Verbindung.

Mögliche Bewußtseinsausrichtung bei der Anwendung:
Gott in mir erkennt Gott in Dir.

Im Symbolnamen enthaltene Bedeutungen:
- der Ursprung, der Beginn
- leuchten
- auf dem richtigen Kurs vorangehen
- das Ziel
- die Stille, in Ruhe sein

Gesamtbedeutung: die Energie herableiten, um den Geist zu öffnen, damit die Energie jenseits von Zeit und Raum wirken kann.

Aufgabe des Symbols:

- durch Zeit und Raum verbinden
- Einheit zwischen Anfang und Ende herstellen
- eine Brücke zwischen dem Göttlichen in mir und der gesamten Existenz schlagen.

Anwendungsbeispiele:

- Fernmentalbehandlung
- Fernheilung

Einige Techniken zur Anwendung der Symbole des 2. Reiki-Grades

Die Fülle der Möglichkeiten, die uns die Anwendung der Symbole des 2. Reiki-Grades bietet, ist unerschöpflich. Wir haben hier einige Techniken zusammengestellt, die sich als besonders wirksam erwiesen. Es ist nicht notwendig oder gar vorgeschrieben, die beschriebenen Abläufe detailliert einzuhalten. Um die Techniken anzuwenden, sollten wir vielmehr das jeweils zugrundeliegende Prinzip zu erfühlen versuchen und uns die vorgestellten Techniken entsprechend unserem eigenen, ganz persönlichen Gefühl für das, was richtig ist, zu eigen machen.

Um ein Symbol anzuwenden, wird es mit der Hand oder mit der Vorstellungskraft des Dritten Auges gezeichnet. Bei Reiki-Positionen kann man es auch einfach aus der Hand fließen lassen. Vorher, während oder nach der Symbolbezeichnung wird das zugehörige Mantra dreimal laut oder in Gedanken gesprochen.

Während der Anwendung der Reiki-Symbole ist es weder angebracht, über ihren Bedeutungsinhalt nachzudenken oder ihn zu ergründen versuchen, noch den Bereich, dem die Anwendung der Reiki-Symbole dienen soll, zu untersuchen, zu bewerten oder forciert Erinnerungen dabei wachzurufen. Die Reiki-Symbole müssen konzentriert aktiviert werden, das jedoch in einem Zustand der Entspannung, der Loslösung von den eigenen konkreten Erwartungen an die Wirkung dessen, was wir gerade tun. Die innere Haltung bei der Anwendung von Symbolen ist vielleicht am besten mit dem Wort Vertrauen zu beschreiben. Vertrauen nicht in die Kraft meiner begrenzten Sichtweise, sondern darin, daß das geschehen wird, was richtig ist. Vertrauen in die Einsicht allen Seins und in eine höhere Führung; Vertrauen darin, daß Heilung geschieht. Anders gesagt: Wir konzentrieren uns auf das beabsichtigte Ergebnis, wenden die Reiki-Symbole und Reiki-Techniken in dem oben beschriebenen Sinne an, um diesem Ergebnis zu dienen, und lassen dann jede Erwartung an ein bestimmtes Resultat los. Alles andere übergeben wir Gott oder der Existenz. Dieses Vertrauen ist der Schlüssel.

Es mag etwas dauern, bis dieser Zustand der entspannten Konzentration, der inneren Sammlung und der Fähigkeit, die Erwartung loszulassen, sich einstellt, es lohnt sich aber in jedem Fall, sich darum zu bemühen.

Ganzbehandlung

Wie beim 1. Reiki-Grad gilt auch für den 2. Reiki-Grad, daß eine Serie von Reiki-Sitzungen immer mit einer oder mehreren Ganzbehandlungen begonnen werden sollte, bevor man sich spezifischen Symptomen zuwendet. Es ist sinnvoll, über das dritte Symbol einen zusätzlichen Kontakt aufzubauen, auch wenn der Empfänger anwesend ist. Mit dem zweiten Symbol werden unterbewußte Ebenen des Empfängers erreicht; mit dem ersten Symbol wird die Reiki-Kraft verstärkt.

Behandlung aller Positionen nacheinander: bei jeder Position jeweils das zweite Symbol aus den Händen direkt in die behandelte Körperstelle fließen lassen, um eine Harmonisierung zu fördern. Das zweite Symbol stets mit dem ersten Symbol fixieren. Das erste Symbol kann beliebig oft benutzt werden, um den heilenden Energiefluß zu verstärken.

Die Dauer einer vollständigen Behandlung kann mit Hilfe der Symbole auf etwa fünfzehn bis zwanzig Minuten reduziert werden.

Die Schnellbehandlung: Der Empfänger sitzt oder steht

aufrecht, der Behandler steht hinter ihm. Die Aura wird dreimal geglättet. Dann die Energie durch eine senkrecht nach oben gerichtete Handbewegung vom Hara bis über den Kopf aufstreichen.

Bei allen folgenden Positionen fließt jeweils das zweite und anschließend das erste Symbol aus den Händen des Behandlers:

- Hände liegen auf den Schultern
- Hände liegen auf der Schädeldecke, neben den Empfänger treten
- eine Hand liegt auf der Medulla oblongata, die andere Hand auf der Stirn
- eine Hand liegt auf dem Nacken (7. Halswirbel), die andere Hand über der Halsgrube
- eine Hand liegt zwischen den Schulterblättern, die andere Hand auf dem Brustbein
- eine Hand liegt auf dem mittleren Rücken, die andere Hand auf dem Sonnengeflecht
- eine Hand liegt auf dem Steißbein, die andere Hand auf dem Unterbauch

Dreimal die Aura glätten, dann Energieaufstreichen.

Chakras und Chakra-Ausgleich mit dem 2. Reiki-Grad

Die Funktionen und Aufgaben der Chakras haben wir im Zusammenhang mit dem 1. Reiki-Grad bereits besprochen. Alle Techniken des 1. Reiki-Grades, die sich auf Chakra-Arbeit beziehen, können mit dem 2. Grad genauso durchgeführt werden. Allerdings sollten wir hier die energieverstärkende Wirkung der Symbole nutzen, indem wir uns bei jeder Chakra-Position vorstellen, daß erst das zweite, dann das erste Symbol durch unsere Hände auf das Chakra einfließt.

Auch wenn wir schon in den 2. Reiki-Grad eingeweiht sind, ist es stets sinnvoll, die Chakras anzuregen und auszugleichen, indem wir einfach unsere Hände die Grundpositionen durchwandern lassen oder beide Hände auf verschiedene Chakras legen, bis daß sie sich »gleich« anfühlen. Gerade weil die speziellen Techniken des 2. Reiki-Grades uns leicht dazu verführen können, unseren Kopf sehr wichtig zu nehmen, ist es auch bei der Chakra-Arbeit immer wieder angebracht, zu den Ursprüngen zurückzukehren und uns von unseren Händen führen zu lassen, ohne eine bestimmte Absicht zu verfolgen.

Nun bietet der 2. Reiki-Grad durch die Anwendung der Symbole und Symboltechniken allerdings auch im Zusammenhang mit der Chakra-Arbeit erheblich erweiterte Möglichkeiten, die wir im Verlauf unseres Entwicklungsprozesses nutzen sollten.

Einen Schnellausgleich der Chakras können wir unter Zuhilfenahme des ersten Symbols ausführen. Wir zeichnen dieses Symbol, am Kronen-Chakra beginnend, in einer kreisförmigen Bewegung durch alle Chakras hindurch und enden am Herzen.

Zur Aktivierung einzelner oder aller Chakras lassen wir in unserer Vorstellung das erste Symbol nacheinander in den Chakras kreisen, wobei wir uns das Symbol zusätzlich auch in der entsprechenden Farbe vorstellen können (siehe Tabelle auf Seite 90).

Die Technik der Mentalbehandlung (siehe Seite 135) bietet sich an, wenn man mit Affirmationen arbeiten möchte. In der Tabelle auf Seite 134 sind einige mögliche Affirmationen zu den jeweiligen Chakras vorgeschlagen. Wenn wir Affirmationen einsetzen wollen, so sollten diese möglichst einfach und klar formuliert sein.

Während der Mentalbehandlung geben wir uns oder anderen die den jeweiligen Chakras entsprechenden Affirmationen und können so den Empfänger oder die Empfängerin auf einer sehr tiefen Ebene berühren. Da die Chakras in direkter Wechselwirkung mit unseren Gefühlen und Gedanken stehen, beeinflussen wir auch auf diese Weise die Aktivität der Chakras.

Chakra	mögliche Affirmation
7. Kronen-Chakra (reines Sein)	Ich bin eins mit allem. Ich lasse Gott/die Existenz/»Alles, was ist« durch mein Leben wirken. Ich erkenne.
6. Stirn-Chakra (Seinserkenntnis)	Ich bin. Die Stimme meiner Intuition wird mir mehr und mehr bewußt. Mein Blickfeld weitet sich mehr und mehr. Ich nehme mit all meinen Sinnen wahr.
5. Kehl-Chakra (Seinsausdruck)	Ich teile mein Sein auf natürliche Weise immer freier und schöpferischer mit. Ich werde mehr und mehr inspiriert, Ideen und Einfälle fließen mir zu. Ich werde immer unabhängiger. Ich höre.
4. Herz-Chakra (Seinshingabe)	Ich gebe der Liebe in mir mehr und mehr Raum. Ich sage ja zu all meinen Gefühlen. Ich öffne mich mehr und mehr. Ich vertraue. Ich fühle.
3. Solarplexus-Chakra (Seinsgestaltung)	Ich bin Kraft. Das bewußte Erfahren meiner Gefühle und Erlebnisse läßt meine Weisheit wachsen. Ich lebe meine Autorität und Stärke ganz natürlich. Ich sehe.
2. Sakral-Chakra (Seinsfortpflanzung)	Meine Lebensfreude wächst von Tag zu Tag. Ich genieße die Wunder jedes Augenblicks. Mein Körper ist gesund und vital. Ich genieße meine Sexualität aus vollem Herzen. Ich genieße meine Verbindung mit anderen. Ich schmecke.
1. Wurzel-Chakra (Seinswille)	Ich will leben. Die Energie der Erde heilt und nährt mich. Ich spiele das Spiel der Materie mit Freude. Ich liebe meinen Körper und gebe ihm, was er braucht. Ich liebe die Erde. Ich rieche.

Es sei angemerkt, daß wir die im folgenden erklärte Technik der Deprogrammierung auch bei der Chakra-Heilung mit Symbolen letztlich für effektiver halten, als mit speziellen Chakra-Affirmationen zu arbeiten. Mit zunehmender Erfahrung werden wir mehr und mehr akzeptieren können, daß jeder Versuch, in die sehr komplexen Wirkungszusammenhänge des menschlichen Seins aktiv einzugreifen, immer nur Stückwerk sein kann. Je mehr wir hingegen lernen, auf unsere Selbstheilungskräfte, gefördert durch die Universelle Lebensenergie, zu vertrauen, desto mehr werden wir erreichen.

Mentalbehandlung und Deprogrammierung

Die Technik der sogenannten Mentalbehandlung schafft durch die Anwendung des zweiten Symbols eine direkte Verbindung zum Unterbewußtsein. Mittels dieser Technik können unbewußte Heilungsblockaden aufgelöst und Impulse für eine weitere Entwicklung gegeben werden.

Mit einer zielgerichteten Affirmation überschreiben wir vorhandene unerwünschte Programme oder Einstellungen mit Programmen, die wir für geeigneter halten. Ein Mensch, der seine Gefühle nicht ausdrücken kann, was unter anderem auf eine Unterfunktion des Kehl-Chakras hindeutet, könnte sich zum Beispiel eine Affirmation wählen wie: »Ich kann meine tiefsten Empfindungen und Gefühle leicht ausdrücken.« Fieber weist unter anderem auf Wut und Aufgezehrtwerden hin, eine positive Affirmation könnte hier lauten: »Ich bin der ruhige, stille Ausdruck von Frieden und Liebe.«

Eine andere, dem Wesen des Reiki vielleicht besser entsprechende Möglichkeit, besteht darin, daß der Reiki-Kanal ganz einfach offen ist für spontane Formulierungen. Die Affirmation entsteht intuitiv im Moment der Behandlung. Bei jeder Formulierung von Affirmationen sollten wir uns unseres augenblicklichen Geistes- und Gemütszustands bewußt sein und vor allem akzeptieren, daß wir eigentlich nicht viel wissen. Nicht immer ist das, was wir für besser halten, auch wirklich das Bessere, vor allem wenn wir eine Affirmation für jemand anderen formulieren. Unsere angeborenen und erlernten Strukturen und Programme haben die Tendenz, sich selbst zu erhalten; sie machen uns deshalb oft blind für das, was wirklich richtig wäre. Auch sogenanntes Sendungsbewußtsein ist im Zusammenhang mit den Techniken der Mentalbehandlung absolut fehl am Platz.

Eine innere Haltung von Liebe, Demut und Achtung dem Menschen gegenüber, für den wir Reiki-Kanal sein dürfen, sollte Grundlage unserer Arbeit mit Reiki sein. Dieses bewußte Zurücknehmen unseres Ego ist ganz besonders bei der Mentalbehandlung wichtig.

Eine gute Möglichkeit, die heilsame Affirmation herauszufinden, bieten Affirmationskarten, wie sie im Handel erhältlich sind. Wer von körperlichen Symptomen ausgehen möchte, dem empfehlen wir das Büchlein *Heile deinen Körper* von Louise L. Hay, das eine Sammlung von Symptomen, möglichen seelisch-geistigen Ursachen und entsprechenden positiven Affirmationen enthält.

Oftmals ist sich jedoch weder der Reiki-Kanal noch der Empfänger darüber klar, wo wirklich das Problem liegt (falls es überhaupt eins gibt). In diesen Fällen sollte auf eine spezielle Formulierung verzichtet werden. Statt dessen können beide einfach auf die Selbstheilungskräfte des Empfängers und auf die heilende Kraft der Universellen Lebensenergie vertrauen.

Mit einer mehr allgemeinen Formulierung, zum Beispiel: »Diese Energie dient deinem höchsten Wohl«, können die Programme, die einer ganzheitlichen Heilung im Wege stehen, aufgelöst werden, ohne daß uns die genauen Zusammenhänge bekannt sein müssen. Diese sogenannte Deprogrammiertechnik läßt während oder nach der Behandlung oft die unterdrückten Inhalte des Unterbewußtseins an die Oberfläche kommen, so daß wir uns dann auf einer bewußten Ebene mit ihnen auseinandersetzen können.

Um eine Mentalbehandlung oder Deprogrammierung durchzuführen, sollte der Reiki-Kanal möglichst klar und offen sein. Es empfiehlt sich, vor der Behandlung eine kurze meditative Pause einzulegen oder andere Techniken anzuwenden, die geeignet sind, in einen ruhigen, klaren, gelassenen und liebevollen Zustand zu gelangen. Die maximale Dauer einer Mentalbehandlung oder Deprogrammierung sollte zehn Minuten nicht überschreiten. Diese Behandlung sollte – auch bei der Selbstbehandlung – an sechs aufeinanderfolgenden Tagen und in der folgenden Woche zweimal durchgeführt werden.

Der hier beschriebene Ablauf einer Mentalbehandlung beziehungsweise Deprogrammierung stellt die Grundelemente dar. Für Erweiterungen und Ergänzungen sowie für die Anpassung des Ablaufs an spezielle Situationen oder Patienten sollte jeder auf seine Intuition vertrauen:

- Im Herzen zentrieren.
- Die Affirmation(en) mit dem Empfänger absprechen.
- Hände waschen, Schmuck ablegen, das persönliche Vorbereitungsritual vollziehen.
- Der Empfänger sitzt aufrecht, seine Füße stehen parallel auf dem Boden, seine Augen sind geschlossen.
- Die Aura des Empfängers dreimal glätten, die Energie einmal aufstreichen.
- Neben oder hinter den Empfänger treten, das erste Symbol zeichnen, dreimal in Gedanken das Mantra sprechen und einige Minuten Reiki auf den Kopf geben. Zugleich ein goldenes Licht visualisieren, das durch einen selbst hindurch vom Scheitel bis zur Sohle und über die Hände zum Empfänger fließt und in ihm – ebenfalls vom Scheitel bis zur Sohle – dunkle Stellen und Blockierungen auflöst.
- Eine Hand auf seine Schädelbasis legen, mit der anderen

Hand das zweite Symbol zeichnen. Das Mantra dreimal wiederholen und die Hand, die das Symbol gezeichnet hat, auf sein Kronen-Chakra legen.

- Dreimal in Gedanken den Namen des Empfängers sprechen. Man sollte sich bewußt sein, daß nun durch einen selbst hindurch eine direkte Verbindung zwischen der Universellen Lebensenergie und den tiefsten Ebenen des Empfängers besteht. Um dies gedanklich zu unterstützen, könnte man zum Beispiel sagen: »Ich habe den Schlüssel.«

- Die Vorstellung halten, daß das goldene göttliche Licht von oben bis unten durch den eigenen Körper fließt und über die Hände auch durch den des Empfängers.

- Innerlich oder sogar laut die vereinbarte(n) Affirmation(en) (= Mentalbehandlung) oder den Satz sprechen: »Diese Energie dient deinem höchsten Wohl« (= Deprogrammiertechnik). Der Empfänger kann das gedanklich oder auch laut mit Worten unterstützen.

- Während der Affirmation(en) den Empfänger im gewünschten Zustand visualisieren. Die Affirmation(en) so lange wiederholen, wie es sich richtig anfühlt. Während der gesamten Behandlung das Bewußtsein klar ausgerichtet halten.

- Den Kontakt zum Empfänger lösen. Seine Aura dreimal glätten, dann folgt ein Energieaufstrich vom Hara zum Kopf.

- Anschließend die Hände waschen, aneinanderreiben oder eine andere Methode benutzen, um den energetischen Kontakt zum Empfänger zu unterbrechen und die Symbole zu deaktivieren. Ganz bewußt den weiteren Heilungsverlauf vertrauensvoll der Existenz überlassen.

Fern-Reiki

Mit dem dritten Reiki-Symbol haben wir die Möglichkeit, über Zeit und Raum hinweg eine Verbindung zu allem, was existiert, existiert hat oder existieren wird, herzustellen und Universelle Lebensenergie durch uns hindurch dorthin fließen zu lassen.

Die Grundtechnik ist folgende:
- Sich die Person, Situation, den Raum, die Pflanze und so weiter vorstellen.
- Das dritte Symbol zeichnen, dreimal das Mantra wiederholen.
- Dreimal den Namen der Person(en) aussprechen.
- Das erste Symbol zeichnen, dreimal das Mantra wiederholen.
- Die Handflächen zusammenlegen und sich die Person(en) darin vorstellen.

Diese Basistechnik kann je nach Erfordernis und persönlicher Einstellung der beteiligten Personen variiert und ergänzt werden. Zum Beispiel können wir nach dem dritten Symbol das zweite Symbol benutzen, um auch die unterbewußten Ebenen des Empfängers zu erreichen, anschließend das erste Symbol, um die Verbindung zu stabilisieren oder mit Energie aufzuladen. Statt die Person zwischen unseren Händen zu visualisieren, können wir sie uns zum Beispiel auch auf einer Bühne oder uns gegenübersitzend vorstellen. Wir können unsere und ihre geistigen Helfer einladen, unterstützend und beratend mitzuwirken. Jeder Reiki-Praktizierende sollte die Technik benutzen, die ihm am besten entspricht.

Die eigentliche Behandlung erfolgt, nachdem der Kontakt durch Zeit und Raum von uns hergestellt wurde.

Wir sollten einer Person nur dann Reiki senden, wenn sie

darum gebeten hat. Diese Erlaubnis oder Einladung kann auch direkt vom höheren Selbst des Empfängers ausgehen, ohne daß das Bewußtsein davon etwas wissen muß. Wir können das erfahren, wenn wir still in uns hineinlauschen. Jeder, der mit Fernheilung arbeitet, prüfe aber sorgfältig, ob er wirklich eine Einladung erhalten hat. Es kommt vor, daß man aus falsch verstandenem Sendungsbewußtsein heraus jemand anders bevormunden oder ohne seine Zustimmung in eine bestimmte Richtung drängen möchte. Man kann jedoch niemanden zu seinem Glück zwingen. Die Tatsache, daß immer der Empfänger bestimmt, ob und wieviel Universelle Lebensenergie er bekommt, verhindert schon von ganz allein, daß wir jemandem Reiki schicken können, ohne daß er es will. Andererseits dient die Beantwortung der Frage, ob ich das tun darf, was ich vielleicht gerne tun möchte, der Weiterentwicklung unseres eigenen Bewußtseins. Darüber hinaus können wir auf diese Weise auch das Loslassen von den Erfolgen unserer Einflußnahme üben.

Den hier beispielhaft beschriebenen Verlauf einer Fernmentalbehandlung sollte jeder zu einem persönlichen Werkzeug machen, indem er die Schritte variiert und den eigenen Bedürfnissen anpaßt. Wir überlassen wie bei jeder Behandlung mit Reiki die Ergebnisse unseres Tuns vertrauensvoll der Existenz.

Fern-Mentalbehandlung

- Bequem mit geradem Rücken sitzen.
- Sich im Herzen zentrieren.
- Sich Reiki auf die Augen geben.
- Die gewünschte Person oder Situation visualisieren.
- Das dritte Symbol auf das Dritte Auge der visualisierten Person zeichnen und dreimal das Mantra sprechen, an-

schließend das erste Symbol zeichnen. Den vollen Namen des Empfängers dreimal in Gedanken oder laut aussprechen.

- Das höhere Selbst des Empfängers fragen, ob es eine Heilung annehmen will. Dazu kann man sich beispielsweise vorstellen, daß die Person allein auf einer Bühne steht. Man sei sich bewußt, daß man ihr geistiges Selbst, ihre Seele, dort sieht. Wahrnehmen, wie es der Person geht, sie fühlen. Die Person fragen, ob sie eine Reiki-Behandlung bekommen möchte. Falls die Antwort negativ ausfällt, die Heilung in Gedanken auf eine Art kosmische Energiebank schicken oder nur den Kontakt beenden.

- Bei einer positiven Antwort fragen: »Was brauchst du?« Die Antwort kommt intuitiv. Die gewünschte Affirmation klar und eindeutig festlegen. Für die Deprogrammierung eine Affirmation wie »Diese Lebensenergie dient deinem höchsten Wohl« benutzen.

- Den Kopf des Empfängers visualisieren, wie bei der Mentalbehandlung beziehungsweise Deprogrammierung verfahren.

- Die Affirmation sprechen, die Aufmerksamkeit auf den gewünschten Zustand konzentrieren und das Bewußtsein klar ausgerichtet halten.

- Spüren, wann der Energiebedarf des Empfängers gedeckt ist.

- Die Behandlung beenden.

- Dem Empfänger, der Existenz oder einer anderen Instanz danken.

- Im Energiekontakt bleiben und ein Abschlußgespräch führen.

- Die eigene Aura glätten, die Hände reiben oder waschen. Nicht über das Ergebnis der Fernmentalbehandlung nachgrübeln, sondern alle Erwartungen loslassen.

Weitere Anwendungsmöglichkeiten

Fernheilung: sinngemäß den Anweisungen für die Fernmentalbehandlung folgen. Die Person visualisieren, als wäre sie da, und Reiki wie bei einer Behandlung mit Symbolen fließen lassen. Die Person stellen wir uns während der Fernheilung im gewünschten Zustand vor: strahlend, gesund, voller Lebenskraft und so weiter.

Gleichzeitige Behandlung mehrerer Menschen: Fernheilung und Fernmentalbehandlung können wir zu mehreren Menschen gleichzeitig fließen lassen, indem wir ihre Namen jeweils dreimal sagen. Alternativ können wir die Namen auch auf einen Zettel schreiben und darauf unsere Hand nach der Zeichnung der Symbole legen.

Karmabereinigung: Raum und Zeit mit dem dritten Symbol öffnen. Dann festlegen, für welchen Zeitpunkt oder Zeitraum, für wen und an welchem Ort Reiki geschehen soll. Mit dem ersten Symbol fixieren. Für den so festgelegten Rahmen das zweite und zur Fixierung das erste Symbol dazugeben. Die Situation für einen selbst klären, um Verzeihung bitten und sich selbst und den anderen Beteiligten verzeihen. Indem wir so die heilende Kraft des Reiki in die Vergangenheit fließen lassen, können wir Schuldkomplexe und karmische Belastungen aller Art auflösen.

Lösung innerer Konflikte: Heilung auf den Konflikt oder auf Widerstände mit dem zweiten Symbol für die beste Lösung geben oder Heilung auf unser Unterbewußtsein geben, damit es uns die Lösung zeigen kann. Dann wie immer mit dem ersten Symbol fixieren.

Klärung einer zukünftigen oder vergangenen Situation: Raum und Zeit mit dem dritten Symbol öffnen. Dann festlegen, für welchen Zeitpunkt oder Zeitraum, für wen und an welchem Ort Reiki geschehen soll. Mit dem ersten Symbol fixieren. Für den so festgelegten Rahmen mit dem zweiten Symbol Harmonie und mit dem ersten Symbol Lebensenergie einströmen lassen. Gegebenenfalls verzeihen wir anderen oder bitten um Verzeihung.

Harmonisieren: das zweite Symbol auf die Stelle, das Organ, die Pflanze, den Raum oder Gegenstand, das Nahrungsmittel und so weiter legen. Stets mit dem ersten Symbol energetisieren, dabei einen blühenden, gesunden, harmonischen Zustand visualisieren.

Loslassen: Wünsche, Vorstellungen, Einbildungen, Betrachtungsweisen oder Menschen visualisieren und den Kontakt nacheinander mit dem dritten, zweiten und ersten Symbol herstellen. Das Bild loslassen oder auch das Bild verschwimmen und sich in ein Lichtmuster auflösen lassen. Auf diese Weise werden wir möglicherweise ent-täuscht werden, aber auf jeden Fall frei von Täuschung sein.

Reinigung, Harmonisierung, Energetisierung von Räumen: das zweite Symbol auf jede Wand des Zimmers, auf die Zimmerdecke und auf den Fußboden legen. Es zusätzlich in die Mitte des Raums stellen. Jeweils mit dem ersten Symbol fixieren. Soll ein bereits energetisch gereinigter Raum zusätzlich gegen fremde Energien geschützt werden, zeichnen wir das dritte Symbol in die Mitte des Raums, wodurch wir Kontakt zum Wesen des Raums herstellen. Dann in jede Ecke das erste Symbol zeichnen.

Schnelles Erden: sich selbst oder anderen das erste Symbol in die Fuß- und Hand-Chakras sowie auf das Hara (das kann auch visualisiert werden) legen. Dann die Hände auf den unteren Bauch legen und ins Hara atmen.

Energetisierung von Dingen: das erste Symbol auf Nahrungsmittel, Kristalle, Briefe, Wunschzettel und so weiter legen. Meist empfiehlt es sich jedoch, das zweite Symbol voranzuschicken.

Kontaktaufnahme: in Kontakt mit den Erscheinungsformen des Lebens, zum Beispiel einem Stern, einer Pflanze, einem Baum, einem Menschen oder auch unserem inneren Kind oder inneren Tier treten. Das dritte, dann das zweite, dann das erste Symbol anwenden. Den Stern, den Baum, den Menschen fühlen und eins mit ihm werden. Wir kommunizieren und heilen.

Blockierung von Erdstrahlung und Wasseradern: Um den Einfluß von Wasseradern am Schlaf- oder Arbeitsplatz zumindest zeitweilig zu kompensieren, zeichnen wir über die betreffende Stelle einmal das zweite und anschließend dreimal das erste Symbol. Diesen Vorgang nach Gefühl in gewissen Abständen wiederholen.

Erste Praxis mit den Symboltechniken

Oft werden wir von unseren Reiki-Schülern und -Schülerinnen gefragt, wie sie die neuen Möglichkeiten, die ihnen mit dem 2. Reiki-Grad offenstehen, nun in ihrem täglichen Leben anwenden können. Um den Einstieg in die Praxis mit den Symboltechniken zu erleichtern, machen wir hier einige Vorschläge, die sich in der Praxis bewährt haben.

Wer nicht gerade brennendste Probleme zu bearbeiten hat, sollte sich Zeit nehmen, um in Ruhe in die höhere Energieebene hineinzuwachsen. Die beste Überleitung vom 1. zum 2. Reiki-Grad mag die Körperbehandlung sein, die aber nun mit Hilfe der Symbole zeitlich verkürzter ablaufen kann und in den meisten Fällen energetisch intensiver empfunden wird. Diese neue Qualität ist insbesondere auch dann fühlbar, wenn wir einem anderen Menschen eine Reiki-Behandlung geben.

Wir wollen hier aber nochmals betonen, daß Reiki in allererster Linie eine Hilfe zur Selbsthilfe ist. Die Anwendung der Reiki-Techniken soll zunächst einmal dem Reiki-Praktizierenden selbst dazu dienen, Freiheit, Lebendigkeit und Harmonie zu gewinnen, gleichzeitig aber auch, stiller zu werden, denn das ist die beste Voraussetzung für die Behandlung eines anderen Menschen mit der Reiki-Kraft. Reiki fließt zwar unabhängig von unserer persönlichen Verfassung, ein innerer Abstand zum Alltagsstreß trägt aber gewiß zum harmonischen Ablauf einer Reiki-Behandlung bei.

Die Deprogrammiertechnik ist mit fünf bis zehn Minuten täglich wohl die schnellste Methode, Körper, Geist und Seele zu integrieren und offener für Veränderung zu werden. Einige Zeit in Vertrauen auf eine ganzheitliche Heilung regelmäßig angewandt, wirkt sich diese Reiki-Technik spürbar aus. Wir werden ruhiger, gelassener, offener, freudiger.

Die Technik des Fern-Reiki stellt uns über die persönliche Aussprache hinaus wunderbare Möglichkeiten zur Verfügung, zwischenmenschliche Differenzen zu bereinigen und Harmonie wiederherzustellen. Diese Technik sollte immer in einem Geist des Annehmens dessen, was ist, durchgeführt werden, ohne ein ganz bestimmtes Ziel erreichen zu wollen. Allein der Wunsch nach Heilung einer Beziehung ist es, der disharmonische Strukturen auflösen kann. Jede Form absichtlicher, zielgerichteter Manipulation eines anderen Menschen ist nicht nur absolut wirkungslos, sondern auch mit dem Geist des Reiki unvereinbar. Wer mit der Technik des Fern-Reiki Beziehungen heilen will, sollte allein auf die ganzheitlich wirkende Intelligenz der Universellen Lebensenergie vertrauen und nicht konkrete Ergebnisse beabsichtigen, sondern beobachten.

Mittels Fern-Reiki gelingt es uns, auch über große Entfernungen hinweg uns energetisch nahe zu sein. Wenn dies zu einem verabredeten Moment geschieht (der nicht unbedingt für beide in derselben Zeitzone liegen muß!), kann dieses Gefühl liebevoller Nähe noch intensiver empfunden werden.

Behandlung auf Entfernung hin, mit Freunden verabredet,

stärkt die Lebenskraft des einzelnen, verbessert das allgemeine Befinden und ist eine wertvolle Zeit der Stille, des Loslassens der Alltagshektik. Fern-Reiki kann die Erfahrung körperlicher Nähe und heilender Berührungen zwar nicht ersetzen, ist aber eine hervorragende Art und Weise, jemanden zu umsorgen, der nicht anwesend sein kann.

Wenn wir einem Erkrankten Fern-Reiki schicken, so sollten wir ihn uns nicht krank und leidend vorstellen, sondern im Gegenteil gesund, blühend, strahlend und kraftstrotzend. Wie schön ist es doch, einen vitalen und gesunden Menschen zu visualisieren und ihm obendrein noch Reiki zu schicken! Den positiven Ansatz, die Kraft, die Gesundheit, das Wohlergehen als Ausgangspunkt aller Heilung zu wollen – das ist Reiki. Und auch hier gilt wieder: Vertrauen auf die Heilkraft der Universellen Lebensenergie ist die Basis für unser Loslassen aller Erwartungen über das, was wir erreichen wollen.

Aber wenden wir uns nach der Einweihung in den 2. Reiki-Grad zunächst erst einmal uns selbst und unserem persönlichen Umfeld zu. Wir können zum Beispiel damit beginnen, unsere Wohn-, Schlaf- und Arbeitsräume energetisch zu reinigen und zu harmonisieren. Auch während des Tages sollten wir uns immer wieder ganz spontan mit Hilfe der Reiki-Symbole in eine Schwingung der Harmonie begeben und diesen Zustand der Stille und Freude beispielsweise an unser Haustier und an unsere Pflanzen weitergeben, Zimmerpflanzen können Gifte aus der Luft herausfiltern (unter anderem Benzol und Formaldehyd), und ihre Gegenwart schafft eine behagliche Stimmung. Unterstützen wir sie bei ihrer Arbeit, indem wir sie mit Hilfe der Symbole mit Reiki bestrahlen. Sie werden es uns danken, und wir werden uns in unseren Räumen noch wohler fühlen.

Die Geschenke des 2. Reiki-Grades

Die Nutzung der Symbole und Symboltechniken des Reiki in der Art und Weise, wie wir sie im letzten Kapitel vorgeschlagen haben, kann viel Licht und Liebe in unser Leben bringen. Früher oder später wird uns die Universelle Lebensenergie aber zu noch tieferen Ebenen unseres Menschseins führen, wenn wir dafür offen sind und dies wollen.

Die Möglichkeiten, die der 2. Reiki-Grad uns bietet, sind nur durch unser eigenes Vorstellungsvermögen begrenzt. Die hier beispielhaft vorgestellten Techniken sind sicher nicht die einzig richtigen, aber wir wissen, daß sie wirken. Wenn jemand mit anderen Anwendungen der Symbole positive Erfahrungen gemacht hat, so zeigt sich darin nur die Lebendigkeit des Reiki-Systems, nicht etwa, daß die hier vorgeschlagenen Anwendungen falsch wären. Wir möchten alle Menschen, die mit dem 2. Reiki-Grad arbeiten, dazu ermutigen, hier selbst spielerisch auf Entdeckungsreise zu gehen. Reiki ist die Kraft der allumfassenden Liebe und kann deshalb nicht schaden. Schlimmstenfalls funktioniert eine Technik, die man ausprobiert, einfach nicht. Und Reiki ist ein lebendiges, ein offenes System. Es wird am Leben erhalten durch die Menschen, die Reiki praktizieren und weiterentwickeln.

Wer in diesem Zusammenhang zusätzliche Anregungen sucht, kann sie in hervorragender Weise in der Huna-Lehre finden. Diese wohl älteste überlieferte Lehre der Menschheit geht davon aus, daß wir uns unsere Wirklichkeit selbst erschaffen, und sie liefert eine Vielzahl an Hinweisen, wie wir diesen Schöpfungsakt bewußt vollziehen können. Die gedankliche Trennung von Bewußtsein, innerem Kind und höherem

Selbst und die in der Huna-Lehre vorgenommene Zuordnung von Aufgaben, Fähigkeiten und Verständigungsmöglichkeiten zwischen den drei Formen des Selbst läßt uns tiefe Einblicke darin erhalten, wie wir als Menschen funktionieren und wie wir Einfluß nehmen können. Huna und Reiki ergänzen sich in hervorragender Weise.

Die Vergangenheit loslassen und die Zukunft gestalten

Jeder Mensch hat in sich den vielleicht verschütteten, aber doch ganz tief verwurzelten Wunsch, Vollständigkeit zu erlangen und damit das eigene Potential zu verwirklichen. Der Buddhismus nennt es das tiefe innere Wissen um unsere eigene erleuchtete Buddha-Natur.

Wir alle gelangen nur dann in unseren eigenen Himmel, wenn wir zuvor unsere eigene Hölle durchquert haben. Durch die Aufräumarbeit in uns selbst, durch die Freisetzung ehemals gebundener Energien, wird sich nicht nur ein neues Gefühl der Selbstannahme einstellen, wir werden uns zudem irgendwann selbst lieben lernen und damit auch liebenswert für andere werden.

Je mehr wir uns von unserer eigenen belastenden Vergangenheit befreien können, desto mehr unbehindertes Leben wird sich in uns und durch uns entfalten können. So kommen wir unserer Buddha-Natur näher. Fast allen von uns ist im Verlauf unserer Sozialisation beigebracht worden, auf die Befriedigung unserer Bedürfnisse zu verzichten und uns in unserem Selbstausdruck zu beschneiden. Aber wem von uns wurde beigebracht, mit unseren Verlusten und mit unseren Frustrationserlebnissen konstruktiv umzugehen?

Grundlage aller Arbeit mit den Techniken des 2. Reiki-Grades ist es, unsere Probleme und Belastungen zunächst einmal zu akzeptieren. Wir nehmen sie ohne Bewertung wahr und benennen sie ganz einfach nur. Je mehr wir ihnen unsere Aufmerksamkeit dadurch entziehen, daß wir sie uns ohne Emotionen, sondern als schlichte Tatsachen vor Augen führen, desto weniger Kraft haben sie, sich in unserem Leben auszutoben. Um so unbelasteter und kraftvoller können wir uns dann mit den Symboltechniken in diese Problembereiche hineinarbeiten, und das von Anfang an mit der Idee positiver Veränderung.

Es geht dabei aber nicht darum, sich lediglich im Fahrwasser alter Egostrukturen mit Hilfe der Reiki-Kraft erfolgreich zu behaupten, sondern darum, neue, spielerische und einfachere Verhaltensweisen zu erkennen, zu erproben und zu leben. Es geht darum, Beobachter unseres eigenen Tuns zu werden. Um das zu verwirklichen, ist es erforderlich, hinter das Bild zu schauen, das wir im Laufe der Jahre von uns aufgebaut haben. Um uns von den Vorstellungen, die wir von uns haben, zu lösen, um auch bewußter mit den Rollen umgehen zu können, die mit unserem Image verbunden sind, gibt es eine ganz einfache Reiki-Technik: Wir wenden die Technik des Fern-Reiki wie gewohnt an und visualisieren unsere Gestalt. Wir lassen dann in unserer Vorstellung die Umrisse unserer Gestalt immer mehr verschwimmen und sich immer mehr auflösen, bis nur noch eine Art Lichtmuster übrig bleibt. Wir wiederholen diese Technik, bis wir das Gefühl haben, daß sich das Bild, das wir uns von uns selbst gemacht haben, aufgelöst hat.

Die kontinuierliche Reiki-Praxis ist keine vom Alltagsleben abgekoppelte, esoterische Angelegenheit, sondern im Gegenteil eine sehr effektive Hilfe bei der Bewältigung ganz persönlicher Probleme und ein wunderbarer Helfer für eine bewußtere und freiere Gestaltung des ganz normalen Daseins im Hier und Jetzt. So können zum Beispiel lang ersehnte und vielleicht längst überfällige berufliche Veränderungen möglich werden. Reiki zeichnet sich hier durch eine verblüffende Einfachheit aus, durch Schnelligkeit und vor allem durch Mühelosigkeit. Wachsende Kreativität ist eine der Folgen der Reiki-Praxis. Wo unsere Antworten auf unsere Fragen bislang oft unbefriedigend ausgefallen sind, können wir dadurch neue Perspektiven und Betätigungsfelder entdecken. Reiki ist hier der Helfer bei unserer Suche nach dem, was zu uns paßt oder was für uns gerade ansteht. Sei es ein Neuanfang im beruflichen Rahmen oder im Privatleben – der tragende Aspekt ist die Entwicklung in Richtung Ganzheit.

Die Reiki-Schüler, die die Energie während der Einweihung intensiv erlebten, können allerdings sehr leicht in eine übertriebene Reiki-Euphorie verfallen und glauben, nun ginge alles im Eiltempo voran. Besonders diejenigen Reiki-Schüler, die in ihrer gegenwärtigen Lebenssituation frustriert sind, erwarten manchmal vom Reiki-Prozeß allzu schnelle Veränderungen. Diese Erwartungshaltung ist auch durchaus gerechtfertigt, doch mag die nun beginnende Entwicklung ganz eigene Wege einschlagen. Die Universelle Lebensenergie will uns zunächst einmal lehren, mit uns selbst einverstanden zu sein und uns so zu akzeptieren, wie wir in diesem Moment gerade sind. Allein das ist schon ein großer Gewinn für den westlich geprägten Menschen, der es gewohnt ist, drastische Resultate und augenblickliche Problemlösungen serviert zu bekommen – besonders dann, wenn er dafür bezahlt hat!

Die Einweihung verbindet uns mit der Urquelle und stimmt uns auf die kosmischen Schwingungen der Liebe ein, die unser persönliches Wachstum beschleunigen, wenn wir bereit sind, dabei aktiv mitzuarbeiten. Das bedeutet, daß wir die Bewußtwerdung unserer Schattenanteile fördern und uns ihr im Reiki-Prozeß vertrauensvoll hingeben. Tun wir es nicht, so wird die Energie, die uns während der Einweihung durchströmt und erfüllt hat, früher oder später wieder zu großen Teilen verpuffen. Wenn wir aber mit Hilfe der Reiki-Symboltechniken an uns zu arbeiten beginnen, wird sich die Energie immer mehr stabilisieren und Teil unseres Alltagszustands werden. Die Impulse, die uns unsere Schattenanteile bewußtwerden lassen, kommen dann aus unserem täglichen Leben und Erleben. Mit der Deprogrammiertechnik können wir diese Bewußtwerdung initiieren und fördern.

Die Universelle Lebensenergie wird so früher oder später Gefühle wie Wut, Angst und auch seelische Schmerzen in unser Tagesbewußtsein bringen, denn wir werden durch die verstärkte Energiezufuhr wieder mehr, vielleicht sogar erstmals wirklich spürbar mit unseren oft lebenslang abgeschnittenen Wünschen und Bedürfnissen in Berührung kommen. Wenn wir diese verschütteten Anteile unseres Wesens annehmen und uns mit ihnen auseinandersetzen, ohne sie zu verdammen oder uns dafür zu verurteilen, haben wir mit Hilfe der beschriebenen Techniken des 2. Reiki-Grades die wunderbare Möglichkeit, unsere Schattenanteile zu integrieren und ganz zu werden. Diese Form der Eigentherapie kann auf sanftem Weg viele unserer inneren Panzer lösen.

Haben wir einmal damit begonnen, unsere gravierendsten Probleme mit Reiki zu heilen, verlieren diese ihre Kraft. Wir werden dann auch spüren, daß unsere früher vielleicht nötigen Abwehrstrategien an Wichtigkeit verlieren. Dadurch wird das, was Wilhelm Reich unseren Charakterpanzer nannte, für die Impulse des Lebens von innen und außen durchlässiger. Es geschieht dabei Heilung – dem Schälen einer Zwiebel vergleichbar, von außen nach innen –, bis irgendwann vielleicht der Kern übrig bleibt: unser reines, strahlendes Sein, die Buddha-Natur.

Die Reiki-Kraft, so wagen wir an dieser Stelle zu behaupten, kann helfen, alle in unser Tagesbewußtsein getretenen

Persönlichkeitsanteile anzunehmen und in ein neues Selbstbild zu integrieren. Wer sich nur ab und zu einmal an die vor längerer Zeit erlernten Reiki-Symbole und Techniken erinnert, wird das bezweifeln. Wer jedoch, spontanen Impulsen folgend und auf die individuelle Situation abgestimmt, methodisch vorgeht und in dieser Weise an sich arbeitet, wird uns beipflichten.

Die Erfahrung hat gezeigt, daß es in diesem Prozeß sehr empfehlenswert ist, auf die spontane Eingebung, den richtigen Moment zu warten. So mag uns zum Beispiel eine Szene in einem Fernsehspiel plötzlich an eine uns noch immer bedrückende Begebenheit in einer unserer gescheiterten Liebesbeziehungen erinnern. Dann ist der Moment da, daß das Herz nach Heilung ruft. Das ist der Moment, diesen Teil unserer vielleicht depressiven Seite mit der Reiki-Kraft wieder zum Strahlen zu bringen. Indem wir zum Beispiel in einem solchen Fall mit Hilfe der Reiki-Symbole durch Raum und Zeit verzeihen und um Verzeihung bitten, können wir im nachhinein unser Leben rational und emotional aufarbeiten und die alten Wunden heilen.

Es ist natürlich nicht so, daß ein einziger derartiger Vorgang ausreicht, um uns von dieser zurückliegenden Belastung vollständig geheilt und befreit zu entlassen. Aber schon ein einziger derartiger Versuch, getragen von einem Impuls des Herzens, wird uns enorm ermutigen, beharrlich am Ball zu bleiben, bis die alte Wunde endgültig verheilt ist. Reiki gibt uns auch die Kraft, dabei durchzuhalten, und Heilung kann sehr viel schneller gelingen, als wir jemals zu hoffen gewagt hatten.

Wir können mit Hilfe der Symboltechniken nicht nur nach und nach die Vergangenheit loslassen, wir werden auch mehr und mehr eine klarere, nach vorne gerichtete Zielorientiertheit wahrnehmen. Das heißt, wir müssen nicht mehr so ziellos dieses und jenes ausprobieren, weil wir viel klarer als früher intuitiv spüren: Das ist jetzt gut für mich. Eine konsequente, in den Alltag integrierte Arbeit mit den Reiki-Techniken führt im Laufe der Zeit zu einem wachsenden inneren Wissen, das nicht mehr so stark an anderen Menschen oder Umständen orientiert ist.

Die Lebenskraft folgt immer unserer Aufmerksamkeit. Lenken wir also unsere Aufmerksamkeit möglichst oft auf unsere Stärken, wissend, daß unsere schwächeren Bereiche dann automatisch mitwachsen. So gesehen beinhaltet die Anwendung der Techniken des 2. Reiki-Grades viel mehr Freude und viel weniger Arbeit, als wenn wir uns verbissen in eine psychologische Aufräumarbeit stürzen würden. Je mehr Lebensenergie uns unbehindert durchströmen kann, desto liebevoller können wir werden. Lebensenergie ist Liebe. Universelle Lebensenergie ist Reiki. Reiki ist Liebe.

Frau, Mann und inneres Kind

Über die Möglichkeit der körperlichen Heilung weit hinausgehend, haben wir mit den Techniken des 2. Reiki-Grades die Chance, aktiv und bewußt Teile unseres Menschseins zu berühren, zu denen wir sonst kaum Zugang finden. So wachsen wir alle über die Kindheit zum männlichen Menschen oder zum weiblichen Menschen heran. Aber leider vollziehen die wenigsten im Laufe ihres Lebens wirklich den Schritt, diese jeweilige Rolle auch auszuführen.

»Die Frau ist nicht Frau; der Mann ist nicht Mann. Sie müssen es erst werden.« Dieses provozierende Zitat der Tantra-Lehrerin Margo Naslednikov nehmen wir als Anlaß, einige Möglichkeiten aufzuzeigen, wie uns die Universelle Lebenskraft auf dem Weg zur Frauwerdung und Mannwerdung unterstützen kann. Wir wollen hier jedoch nicht den Eindruck erwecken, mit »ein bißchen Reiki« ginge das alles von allein, sondern wir wollen den Männern und Frauen, die den 2. Reiki-Grad als Unterstützung bei der Entwicklung ihrer Weiblichkeit und Männlichkeit nutzen wollen, einige Ideen an die Hand geben. Für andere mögen unsere Ausführungen vielleicht der Impuls sein, sich auch diesem Teil ihres Mensch-seins einmal zuzuwenden.

Wer im Sinne unserer Anregungen voranschreitet und be-ginnt, die mögliche innere Tiefe des Mann- oder Frauseins zu erahnen, wird auf ganz natürlichem Weg entdecken können, daß die jahrtausendealten Lehren des Tantra eine weise Richtschnur darstellen. Der Weg hin zu mehr Bewußtsein, zu mehr Freiheit, zu mehr Ekstase bedeutet nicht, uns statt der alten, eingefahrenen Verhaltensweisen und Ansichten neue Programme anzutrainieren. Diesen Weg kann nur gehen, wer bereit ist, das, was ihn daran hindert, frei und liebevoll zu leben, loszulassen. Wir müssen nichts dazulernen, sondern im Gegenteil das aufgeben, was uns an ekstatischem, ganzheitli-chem Erleben hindert. Die Kraft der Universellen Lebense-nergie vermag uns zu helfen, unsere inneren Barrieren im Laufe der Zeit nach und nach aufzulösen.

Wenn wir zum wirklichen Mann oder zur wirklichen Frau heranreifen wollen, sollten wir damit beginnen, zunächst un-ser inneres Kind zu heilen. Das Loslassen unserer inneren Gefühle der Verletztheit, des Zukurzgekommenseins, die Be-wußtwerdung und das liebevolle Aufnehmen der Bedürfnisse unseres inneren Kindes sind Aufgaben, denen wir uns stellen müssen. Die in den letzten Kapiteln vorgestellten Methoden des Fern-Reiki sind in hervorragender Weise geeignet, mit unserem inneren Kind in Kontakt zu kommen und seine Ver-letzungen zu heilen. Dazu schließen wir die Augen, entspan-nen uns und bitten unser inneres Kind, sich uns zu zeigen. Vielleicht taucht das Bild eines kleinen Jungen oder eines kleinen Mädchens auf, des Wesens, das wir früher einmal waren und das wir über die Probleme und Aufgaben unseres Erwachsenenlebens völlig vergessen haben. Wir können auch ein Foto aus unser Kinderzeit zu Hilfe nehmen, wenn unser Vorstellungsvermögen noch nicht ausreicht. Dieser kleine Junge oder dieses kleine Mädchen ist ein Teil von uns, der sich so fühlt, als wäre er von uns verstoßen worden. Schicken wir ihm oft Liebe und Heilung, hören wir, was das innere Kind uns zu sagen hat. Ganz langsam kann unser verstörtes, frustriertes, einsames, ängstliches inneres Kind wieder so werden, wie es eigentlich in uns lebt: spielerisch und kraftvoll, kreativ, spontan, hilfsbereit und liebevoll. Auf diesem Weg können wir das loslassen, was uns als herangewachsene Menschen daran hindert, spielerisch und kraftvoll, kreativ, spontan, hilfsbereit und liebevoll zu sein. Mit diesem Loslassen beginnen wir mehr und mehr, uns selbst zu lieben und anzunehmen.

Die Bekanntschaft mit unserem inneren Kind und das Annehmen unseres inneren Kindes schafft das Vertrauen und die Sicherheit, von denen aus wir uns als Mann dem »wilden Mann« und als Frau der »wilden Frau« in uns zuwenden können. Was ist der »wilde Mann« beziehungsweise die »wilde Frau«?

Ein sehr gutes Bild dessen, was in bezug auf den Mann gemeint ist, liefert Robert Bly in seinem Buch *Eisenhans:*

». . . zwischen dem Barbaren und dem Wilden Mann besteht ein ganz entscheidender Unterschied. Die Lebensweise des Barbaren fügt der Seele, der Erde und der Menschheit großen Schaden zu; man kann sagen, daß der Barbar, obwohl er verwundet ist, seine Wunde nicht untersucht. Der Wilde Mann ist einer, der seine Wunde untersucht hat; er erinnert eher an einen Zen-Priester, einen Schamanen oder einen Waldbewohner als an einen Barbaren«.

Eine Ahnung von dem, was mit der »wilden Frau« in Zusammenhang gebracht werden kann, vermittelt Jean Shinoda Bolen in ihrem Buch *Göttinnen in jeder Frau*. Es geht um das Erkennen und Leben der machtvollen inneren Verhaltensmuster (Archetypen), die jenseits kultureller Bedingungen auf der psychischen Ebene wirksam sind, die das Verhalten und die Gefühle aller Frauen beeinflussen und die von der Autorin in der Form der griechischen Göttinnen dargestellt werden. Auf dem tiefsten, unerforschten Grund ihrer weiblichen Psyche kann jede Frau auf eine Urkraft stoßen, die dort verschüttet liegt: ihre naturgegebene Wildheit, voller Instinkte, leidenschaftlicher Kraft und alterslosem Wissen.

Die »wilde Frau« lebt und handelt aus ihrem innersten, authentischen Kern heraus. Hier ist nichts von Unterordnung oder Unterwerfung zu spüren. Hier zeigt sich die handlungsbetonte Frau, die über den Weg der Ekstase zu Selbsterkenntnis und Selbstausdruck gelangt.

Wenn wir uns mit der »wilden Frau«, dem »wilden Mann« in uns in Verbindung setzen und unsere Angst und Hemmungen loslassen, können wir spüren, wie eine ursprüngliche, mächtige Energie uns zu durchströmen beginnt. Die Technik der Kontaktaufnahme über die Reiki-Symbole läßt es zu, die Kräfte, die in diesem Teil unseres Seins verborgen liegen, zu erahnen und für unser Leben zu nutzen, ohne daß wir gleich von ihnen überflutet werden. Trotzdem raten wir, diese Übung nur in einem liebevollen und geschützten Rahmen zu machen. Um unserer wahren Männlichkeit oder Weiblichkeit näherzukommen, ist es aber unerläßlich, auch diese Anteile unseres Wesens zu akzeptieren.

Wenn eine Frau ihre »wilde Frau« gefunden hat, wird sie wissen, daß Nachgeben ebensowenig Niederlage ist, wie Widerstand Sieg bedeutet. Auf diesem Weg zur Befreiung muß jede Frau zunächst durch wachsende Liebe zu sich selbst liebenswert werden. Mit steigendem Bewußtsein kommt sie dann in das Stadium, in dem sie nach Margo Naslednikov »zuviel Bewußtsein hat, um lieben zu können, sich mit anderen Worten nicht selbst aufgeben und vergessen kann«. Die »wilde Frau« dagegen hat das Selbstbewußtsein, sich hingeben zu können – aus dem Wissen heraus, daß erst in der Hingabe die wahre Kraft der Weiblichkeit liegt, aus dem Wissen heraus, daß sie nichts verliert, sondern erst dadurch ihre wahre Ganzheit gewinnt und ihre wahre Kraft erwachsen kann. Diese initiatorische Kraft ist es, die sie befähigt, im Mann den »wilden Mann« zu wecken.

Die Entdeckung unseres inneren Kindes führt uns über die Bewußtwerdung unserer »wilden Frau« oder unseres »wilden Mannes« hin zur Erkenntnis, daß im Mann eine innere Frau wohnt, in der Frau ein innerer Mann. Kontaktaufnehmen mit unserer inneren Frau, unserem inneren Mann, ihre Weichheit und Verletzlichkeit, seine Kraft und Stärke zu fühlen, auch diesen anderen, gegengeschlechtlichen Anteil in uns zu spüren, zuzulassen, zu akzeptieren bedeutet einen weiteren Schritt zur Ganzwerdung. Die Symboltechniken geben uns die Chance, nach und nach unsere Barrieren und Konditionierungen loszulassen und uns das zu gestatten, was uns bislang fremd, schwach oder gewaltsam erschien. Die Integration unseres gegengeschlechtlichen Anteils schenkt uns wieder ein Stück mehr Bewußtheit, Freiheit und Liebesfähigkeit.

Dieses Erwachen, die Männlichwerdung der Frau und die Weiblichwerdung des Mannes, schafft die Möglichkeit, wirklich tiefe, fördernde, liebevolle Beziehungen einzugehen. Die Männlichkeit der Frau ruft die Weiblichkeit des Mannes wach, die Weiblichkeit des Mannes die Männlichkeit der Frau.

Die Erfahrung des inneren gegengeschlechtlichen Anteils in uns kann uns in bezug auf das Fühlen und Denken zu einem »Sowohl-als-auch« bringen. So unterschiedlich die geschlechtsspezifischen Sicht- und Handlungsweisen von Frauen und Männern auch sein mögen, so offen ist doch der Zugang zur Erkenntnis, daß Denken und Fühlen gleichwertig sind und daß beides zum Menschsein dazugehört.

Dieser Weg der Integration – vom inneren Kind über die »wilde Frau« und den »wilden Mann« und über die innere Frau und den inneren Mann hin zur Ganzwerdung – hat nicht nur philosophische Konsequenzen, sondern wird sich ganz real in unserem täglichen Miteinander auswirken. So verliert zum Beispiel die Gewalt als Mittel zur Konfliktlösung an Gewicht. So treten die von Frauen oft übernommenen männlichen Problemdefinitionen in den Hintergrund und schaffen damit Raum für eine freie Umsetzung weiblichen Potentials.

Aus dem Erleben der Unterschiedlichkeit von männlich und weiblich erwächst schließlich ein neues Ganzes, das mehr ist als Mann und Frau.

Beziehung, Partnerschaft und Ehe

Machen wir uns klar, welches Geschenk ein Partner ist, der uns bei allen alltäglichen Schwierigkeiten in Liebe verbunden ist. Durch ihn können wir wachsen, denn niemand wird uns in der Intensität spiegeln, wie wir wirklich sind. Seien wir also dankbar, wenn es in unserem Leben einen Menschen gibt, der bereit ist, sich wirklich auf uns einzulassen und unser Glück und unser Leid mit uns zu teilen. Wenn wir dieses Gefühl der Dankbarkeit pflegen lernen, ist die Gefahr nicht so groß, daß wir unsere eigenen Unvollkommenheiten dem Partner in die Schuhe schieben.

Diese Haltung bedeutet, daß beide Partner ihren Überfluß miteinander teilen, daß jeder Partner in sich selbst so viel Licht, Kraft und Liebe hat, daß er aus purer Freude weitergeben möchte, ohne eine Gegenleistung zu erwarten. Leider ist es heute jedoch eher der Normfall, daß Mann und Frau ihre Unvollkommenheiten und Fehler über den Partner zu kompensieren versuchen. Daß das nicht funktioniert, ist an der wachsenden Zahl von Trennungen und Scheidungen zu sehen.

Beziehungsfähig zu sein heißt, liebesfähig zu sein. Wenn wir nicht einmal gelernt haben, uns selbst zu lieben, können wir auch nicht wirklich glauben, daß es jemand anders gibt, der uns liebt. Damit schneiden wir uns praktisch selbst von der Erfahrung ab, geliebt zu werden. In diesem Zusammenhang ist es auch wichtig zu wissen, daß wir unseren inneren Mann oder unsere innere Frau *in uns selbst* finden müssen und nicht versuchen sollten, sie oder ihn durch den Partner zu ersetzen, auch wenn das zunächst viel bequemer erscheint.

Die Voraussetzung für eine wirklich gute Beziehung ist, daß wir uns selbst vollwertig fühlen und nicht die Beziehung benutzen, um fehlende Teile in uns selbst durch den anderen ersetzen zu wollen. Eine Auswirkung des Reiki-Weges ist es, bewußter, freier und unabhängiger zu werden und nicht einen anderen oder eine andere zu brauchen, um sich ganz und vollständig zu fühlen. Wenn wir unsere Beziehungen heilen wollen, so sollten wir immer bei uns selbst anfangen, nicht beim anderen.

Wo wir damit anfangen, ist ganz von unserer persönlichen Situation abhängig. Die Impulse, die uns die Richtung zeigen, kommen auch hier aus dem normalen Alltagsleben. Die Beobachtung von Kindern kann viele Hinweise auf das eigene innere Kind geben. Sie kann uns auch daran erinnern, uns dem inneren Kind wieder einmal mit Liebe zuzuwenden. Die bewußte Wahrnehmung der Reaktionen unseres Partners oder unserer Partnerin, richtig verstanden als Spiegel unserer selbst, gibt uns immer wieder Hinweise, wo es hinzuschauen gilt.

Die Reiki-Praxis wird über das Ansteigen der Selbstachtung automatisch dazu führen, daß wir gleichzeitig unseren Partner oder unsere Partnerin mehr achten können, auch in Situationen, in denen wir bislang immer nur verurteilt oder Schuld zugesprochen haben. Die Reiki-Praxis führt über die Entspannung ganz allgemein zu weniger Angst, womit sich einiges von dem, was zwischen den Partnern stand, auflösen kann. Ein wahreres, echteres und liebevolleres Aufeinanderzugehen auch im sinnlich-erotischen Bereich ist die unausbleibliche Folge.

Seien wir uns allerdings darüber im klaren, daß das Besserkennenlernen des anderen nicht unbedingt immer zu einer Verfestigung der Beziehung führen muß. Die Beziehung wird auf jeden Fall harmonischer werden, unter Umständen kann aber auch die Erkenntnis wachsen, daß ein anderer Partner besser zu einem paßt. Die Reiki-Praxis löst erfahrungsgemäß viele Ängste auf, die uns bislang daran gehindert haben, alte Sicherheiten aufzugeben und einen Schritt zu tun, der vielleicht schon längst überfällig war.

Wir alle tragen von unseren Partnern ein Bild in uns, welches ganz wesentlich von unseren eigenen inneren Vorstellungen und Wünschen geprägt ist. So drängen wir durch unsere Vorstellung davon, wie er oder sie zu sein hat, den anderen unbewußt in eine Rolle hinein, die unserer Erwartungshaltung entspricht. Mit anderen Worten: Wir versuchen unbewußt, unserem Partner oder unserer Partnerin die Freiheit zu nehmen. Das muß nicht einmal böse gemeint sein, denn menschliche Interaktionen funktionieren auf einer bestimmten Ebene nun einmal so.

Es könnte verführerisch sein zu versuchen, mit den Mitteln des Fern-Reiki unsere Wunschvorstellungen zu verwirklichen. Doch erinnern wir uns an dieser Stelle daran, daß die Reiki-Kraft immer in einem höheren Sinn wirksam ist, der nicht unbedingt mit unseren persönlichen Zielvorstellungen übereinstimmen muß. Darüber hinaus ist es immer der Empfänger, der unbewußt bestimmt, ob, wieviel und wofür Reiki genutzt wird. Insofern ist es unmöglich, mit irgendeiner Technik des Fern-Reiki etwas zu bewirken, das zum Nachteil oder Schaden des Empfängers wäre.

Das Problem liegt ja auch in Wirklichkeit nicht darin, daß unser Partner unserer Vorstellung nicht entspricht, sondern daß wir *überhaupt* eine Vorstellung davon haben, wie er oder sie zu sein hat, und wir diese Vorstellung auf ihn projizieren, statt sie loszulassen und unseren Partner oder unsere Partnerin in ihrer eigenen und wirklichen Schönheit sehen. Es gibt eine Technik des Fern-Reiki, die sich ganz besonders eignet, Projektionen aufzulösen: die Technik des Fern-Reiki wie gewohnt anwenden und die Person visualisieren. Dann in der Vorstellung die Umrisse der Person immer mehr verschwimmen und sich immer mehr auflösen lassen, bis nur noch eine Art Lichtmuster übrig bleibt. Diese Technik wiederholen, bis wir das Gefühl haben, daß sich unser Bild von dieser Person aufgelöst hat.

Öfter angewandt, führt uns diese Technik dahin, unseren Partner oder unsere Partnerin direkter und intensiver wahrzunehmen. Wir können so lernen, den Menschen zu lieben, wie er ist, anstelle des Bildes, das wir uns von ihm gemacht haben. Wir dürfen die gängigen Beziehungsschablonen getrost hinter uns lassen und werden entdecken, daß die Wirklichkeit viel schöner, reicher und liebenswerter ist als die Vorstellungen, die wir uns gemacht haben.

Der Weg des Reiki ist in erster Linie ein Weg der Entwicklung des einzelnen. Das besonders Wertvolle einer Beziehung oder Ehe besteht darin, den Partner oder die Partnerin nicht nur als Spiegel unserer selbst zu begreifen – denn das ist ja schließlich jeder Mensch, mit dem wir zusammenkommen –

sondern zu erkennen, daß unser Partner sich bewußt darauf eingelassen hat, dieser Spiegel zu sein. Mit der Entscheidung, eine feste Beziehung einzugehen, ist unweigerlich auch die Entscheidung verbunden, den anderen in seiner Entwicklung unterstützen zu wollen und sich von ihm unterstützen zu lassen. Eine Beziehung bedeutet in diesem Sinne immer Wandlung, Wachstum, Entwicklung – Leben. Stillstand bringt Langeweile, Entfremdung, letztlich entweder Trennung oder gegenseitige Unterdrückung hervor. Alle Meinungsverschiedenheiten und jeden Streit können wir als Gelegenheit zum Wachstum hin zu mehr Verständnis und zu mehr Liebe begreifen und nutzen. Die vorgestellten Techniken des Reiki geben uns Werkzeuge in die Hand, mit denen wir – weit über ein klärendes Gespräch hinausgehend – auf direktem, energetischem Weg die dunklen Wolken von Mißverständnissen auflösen können. Auch unseren Kindern wird es guttun, wenn wir möglichst wenig Frustrationen und Begrenzungen an sie weitergeben.

Vieles wäre noch zum Thema Ehe, Beziehung und Partnerschaft zu sagen. Es gibt unglaublich viele Möglichkeiten, eine Beziehung freudig, achtsam und liebevoll zu leben. Die Reiki-Kraft und die Reiki-Techniken sind dabei immer wieder ein Mittel, um Begrenzungen loszulassen und neue Handlungsspielräume zu eröffnen. Die Universelle Lebenskraft wird uns darüber hinaus, wenn wir ihre Möglichkeiten vertrauensvoll nutzen, ganz von selbst zu den Hinweisen, Impulsen, Menschen und Situationen führen, die unsere Partnerschaft zu mehr Tiefe und Erfüllung leiten werden.

Der 3. Reiki-Grad:
Der innere Meister

Wie wir in diesem Kapitel ausführen werden, schließt sich mit
der Einweihung in den 3. Grad durch das vierte Symbol der
Kreis des Reiki. Auf dieser im folgenden beschriebenen Ebene
wird Tun zum Nicht-Tun, Handeln zum absichtslosen Geschehenlassen.

Grundsätzliches

Der 3. Reiki-Grad (auch 3a genannt) wird durch drei Einweihungen in das sogenannte Meistersymbol, das vierte und letzte Symbol des Usui-Systems, übertragen. Auch von diesem Symbol sind durch die mündliche Überlieferung über viele Jahrzehnte hinweg leicht unterschiedliche Schreibweisen entstanden, die aber offensichtlich alle gleichermaßen den Sinngehalt des Symbols verkörpern und geeignet sind, die entsprechende Resonanzbeziehung zur Universiellen Lebensenergie herzustellen. Wie schon erwähnt, erübrigen sich Diskussionen über die einzig richtige Schreibweise der Symbole.

Wie für jedes Symbol gilt auch hier, daß der Versuch, die Bedeutung und Wirkungsweise des Symbols zu beschreiben, über den Bereich des Intellektuellen hinausgreift und deshalb notwendigerweise unvollkommen bleiben muß. (Wenn ihr es nicht fühlt, »ihr werdet's nie erjagen«, sagte Goethe.) Auch dieses Symbol ist nur meditativ zu erfahren. Alle Aussagen zu Inhalt und Wirkungsweise bitten wir in diesem Sinne zu verstehen.

Das Meistersymbol bewirkt einerseits eine Öffnung in die Ebene des Nicht-Tuns, andererseits schafft es einen Resonanzrahmen für die Übertragung der nach Graden gestaffelten Reiki-Kraft. Das heißt, daß das Meistersymbol in zwei Richtungen wirkt: nach innen und nach außen. Nach innen, indem es dem eingeweihten Menschen die Möglichkeit des Loslassens, des Vertrauens in die Existenz, des sich Zurücknehmens und der Verbindung zum eigenen inneren Meister oder zu Gott näherbringt. Nach außen, indem es die Möglichkeit manifestiert, Kanal für die Übertragung der Reiki-Kraft zu sein und für andere Menschen eine Verbindung zur Universellen Lebensenergie herzustellen.

Aus dem Nicht-Tun oder absichtsvollen Zulassen im 1. Grad wird über das mehr oder weniger absichtsvolle Tun im 2. Grad jetzt auf einer höheren Ebene der Entwicklungsspirale wieder ein Nicht-Tun, ein absichtsloses Zulassen. Aus einem anderen Blickwinkel bedeutet der Zugang zum Meistersymbol, daß über die physische Ebene des 1. Grades und die mentale Ebene des 2. Grades hinaus mit dem 3. Grad die spirituelle Ebene integriert wird. Der Kreis des Reiki schließt sich.

Der Kreis des Reiki schließt sich in der Weise, daß das Zeichnen des Meistersymbols und unsere Bereitschaft, in diese Energie hineinzugehen, uns wieder dahin führt, wo wir angefangen haben: zum einfachen Auflegen der Hände. Wenn wir uns, bevor wir Reiki anwenden, in die Meisterenergie begeben, können wir das loslassen, was wir an persönlichen Zielvorstellungen, Wünschen und Begrenzungen bislang immer noch in die Praxis des Reiki einfließen ließen, und uns wirklich einer inneren höheren Führung übergeben.

Bis vor einiger Zeit war es so gut wie ausgeschlossen, eine Einweihung in das sogenannte Meistersymbol zu erhalten, ohne im gleichen Zug auch die Ausbildung zum Reiki-Lehrer anzutreten. Das heißt, daß die Kraft des Meistersymbols den Reiki-Lehrern vorbehalten blieb. Diese Praxis hat sich – ganz im Sinne einer Öffnung – inzwischen dahin entwickelt, daß immer mehr Reiki-Lehrer ihren 2.-Grad-Schülern auch die Einweihung in den 3. Grad (oder 3a) geben, und zwar ohne damit Erwartungen oder gar Verpflichtungen hinsichtlich des 4. Grades (oder 3b) zu verknüpfen. Damit ist es nun endlich vielen Schülern möglich geworden, in den vollen Genuß der Reiki-Kraft zu kommen.

Wir begrüßen diese Entwicklung. Wir freuen uns sehr über

diese neuerliche Öffnung des Reiki, die nun die Chance bietet, daß Reiki als Ganzes auch für die Menschen erlebbar wird, die sich nicht zum Reiki-Lehrer berufen fühlen. Jetzt kann jeder, der es möchte, auch das Dach für sein Reiki-Haus bekommen.

Erwähnt sei hier noch, daß es auf jeden Fall möglich ist, auch auf anderem Weg in Resonanz zur Energiequalität des 3. Reiki-Grades zu kommen, zum Beispiel durch eine entsprechende Meditationspraxis. Um die Reiki-Kraft auf dem Weg der Einweihung nach dem Usui-System übertragen zu können, ist jedoch die Ausbildung durch einen Reiki-Lehrer oder eine Reiki-Lehrerin unabdingbar.

Die Geschenke des 3. Reiki-Grades

Mit den drei Einweihungen in das sogenannte Meistersymbol wird die Mentalebene des 2. Reiki-Grades verlassen. Wo dort noch mindestens Reste intellektuellen Begreifens, absichtsvollen Handelns, zielgerichteten Wollens beobachtbar waren, erfahren wir hier etwas, das sich aller Beschreibung entzieht.

Auch der Begriff »Praxis« ist im 3. Grad eigentlich nicht mehr anwendbar, weil er ja immer eine Art Tun, ein Ziel, eine Absicht beinhaltet. Im 3. Reiki-Grad scheinen jedoch die Gesetze von Ursache und Wirkung nicht mehr zu gelten. Hier geht es um intuitives Verstehen, Gewahrwerden, Bewußtwerden, um Einsichten in die Zusammenhänge von innerem Sein und äußerem Geschehen, um Einflußnehmen, ohne einzugreifen, um innere Führung.

Allem Anschein nach kursiert in manchen Reiki-Kreisen teilweise die Auffassung, daß eine beharrliche Anwendung des sogenannten Meistersymbols im Rahmen des Reiki-Prozesses Erleuchtung bewirkt. Kosmische Energie anzapfen zu wollen, um damit Erleuchtung zu erlangen, wäre ein Willensakt des Ego. Gerade das Ego ist es aber, das der Erleuchtung entgegensteht, wie alle großen spirituellen Meister uns lehren.

Richtig ist, daß Reiki in seiner universellen Helferfunktion einen Menschen zur Meditation geleiten kann. Das gilt insbesondere für die Energiestufe des sogenannten Meistersymbols. Dieses 4. Symbol des Usui-Systems kann das Hineinwachsen in meditatives Sein durch die Erfahrung des Nicht-Tuns, des Beobachtens enorm beschleunigen und kraftvoll unterstützen. Sich auf diesen Weg hin zu spiritueller Erleuchtung zu begeben, ist die Herausforderung an das Menschsein überhaupt. Allerdings ist es nicht die beharrliche Anwendung des Meistersymbols, die uns dahin führt, sondern die Fähigkeit loszulassen, die uns durch die Schwingung des 3. Reiki-Grades nähergebracht wird.

In einem 1989 in der Zeitschrift *Connection* abgedruckten Interview sagte Ram Dass (Richard Alpers): »Wenn wir so ruhig werden, daß wir unser intuitives Herz spüren, wenn wir darauf vertrauen und an unsere Verbindung mit der höheren Weisheit glauben . . ., wenn das Vertrauen in die Einheit genauso stark ist, wie unser Glaube an Teilung und Getrenntsein, der auf unserer Sinneswahrnehmung beruht, wenn dieses intuitive Vertrauen genauso stark oder noch stärker ist, dann fangen wir an, unserer eigenen Weisheit zu vertrauen. Dann bringen alle Handlungen uns auf den Weg, weil sie uns zu der ursprünglichen Einheit zurückführen, aus der sie kommen.«

In dem Bemühen, das Gefühl der Einheit zu erfassen, schreibt P. D. Ouspensky in seinem Buch *Tertium Organum:* »Was ist der ›Mensch‹ außerhalb von Raum und Zeit? Es ist die ganze Menschheit, der Mensch als die ›Art‹ – *HomosSapiens,* der jedoch gleichzeitig die Merkmale, Eigenheiten und individuellen Kennzeichen aller einzelnen Menschen besitzt. Dies bist du und ich und Julius Cäsar und die Verschwörer, die ihn getötet haben, und der Zeitungsverkäufer, an dem ich jeden Tag vorbeigehe, alle Könige, alle Sklaven, alle Heiligen, alle Sünder – alle zusammengenommen zu einem unteilbaren Wesen *eines Menschen* verschmolzen, wie ein großer lebendiger Baum, in dem Rinden, Holz und trockene Zweige sind; grüne Blätter, Blüten und Früchte.«

Vielleicht vermitteln diese Worte etwas von dem, was wir mit dem Meistersymbol verbinden können. Wenn ich vergesse, wer ich bin, bin ich ich. Wenn es mir wieder einfällt, bin ich du.

Ouspensky sagt weiter: »Wir sollten uns bemühen, diese Wirklichkeiten zu bemerken und in uns die Fähigkeiten zu entfalten, sie zu fühlen, weil wir gerade auf diese Weise und nur durch eine solche Methode uns in Verbindung mit . . . der Welt der Ursachen bringen.«

Das Meistersymbol ist ein Angebot des Lebens zum inneren Frieden, denn es öffnet ein Tor zur Welt der Meditation. Wir erleben, daß die dem Meistersymbol innewohnende Kraft sich in einer gewissen Eigendynamik zeigt, die uns über das Geschehenlassen neue Perspektiven erschließt. Das kann für viele Menschen einen ganz großen Schritt auf ihrem Weg zur Bewußtwerdung, zur Einswerdung bedeuten.

Durch die Praxis des 3. Reiki-Grades wird die bisher so vertraute Ebene des Handelns vom Kopf her mehr und mehr verlassen. Es entwickelt sich ein Handeln durch Nichttun, ein Handeln durch Geschehenlassen, durch Nichteingreifen. Es entwickelt sich das Vertrauen, das Steuer des Lebens jener Macht überlassen zu können, die eine Dimension von uns selbst ist, die Laotse einst Tao genannt hat und die Christen Gott nennen.

Um Mißverständnissen vorzubeugen: Das bedeutet nicht, den Dingen ihren Lauf zu lassen und sich auf die faule Haut zu legen. Es bedeutet vielmehr, daß wir in unserem Tun unserer inneren Autorität und Führung nicht zuwiderhandeln. Es bedeutet, nicht zu bewerten, nicht zu analysieren, sondern sich im Hier und Jetzt seinen Problemen zu stellen und sie ohne Schuldgefühle oder Ängste wahrzunehmen, wie sie sind. Und mit zunehmender Erfahrung und wachsendem Vertrauen werden wir immer sicherer darin, daß das Richtige geschieht – durch uns oder andere.

Was bereits für den 1. und 2. Reiki-Grad gilt, wird nach den Einweihungen in den 3. Grad tiefer erlebbar und Tag für Tag noch deutlicher gespürt. Es ist dies vor allem der innere Ab-

stand zu den Problemen des Alltags. Gerade die Aufrechter-
haltung der Energie des Nicht-Tuns, des Tuns durch Wahrnehmen, durch Zeuge-Sein hilft uns, immer seltener in die
alten Muster der Selbstanklage zurückzufallen, nachdem uns
schon der 2. Reiki-Grad mit seinen Techniken die Möglichkeit
und die Verantwortung antrug, uns von unseren alten Schuld-
zuweisungen an die Außenwelt mehr und mehr zu lösen.

Der 3. Reiki-Grad gibt uns die Chance, uns immer besser
dabei zu beobachten, wie wir uns selbst aus immer den gleichen Gründen sabotieren, kleinhalten und von unserer göttlichen Natur abschneiden. Wenn wir immer wieder im Laufe
des Tages in die Energie des Meistersymbols hineintreten,
erspüren wir, wie sehr uns unsere manchmal liebgewordenen
Probleme in unserem vollen Selbstausdruck behindern.

Für den 3. Reiki-Grad bieten sich für diejenigen, die den
Wunsch nach einer tieferen Meditationspraxis verspüren, insbesondere alle stillen Meditationsformen an. Eine einfache
Möglichkeit ist, einfach still zu sitzen und zum Meistersymbol
zu werden, ohne Absicht und Ziel, Anfang und Ende. Klassi-
sche Techniken sind zum Beispiel die buddhistische Vipassa-
na-Meditation oder das japanische Zazen.

Abschließend zum 3. Reiki-Grad einige Worte von C. G.
Jung aus *Der Mensch und seine Symbole:* »Wenn man versteht
und fühlt, daß man schon in diesem Leben an das Grenzenlose
angeschlossen ist, ändern sich Wünsche und Einstellung.
Letzten Endes gilt man wegen des Wesentlichen, und wenn
man das nicht hat, ist das Leben vertan.«

Reiki läßt uns erleben, daß wir an das Grenzenlose angeschlossen sind. Der Reiki-Weg kann uns helfen, Bewußtsein
für das Wesentliche im Leben zu entwickeln, auf eine ganz
persönliche, für jeden Menschen andere Weise. Durch ihn
entfaltet sich ein Bewußtsein für die Einheit allen Seins.
Reiki kann uns erleben lassen, daß wir unseren Verstand

begreifen lernen als das, was er ist: ein Werkzeug – nicht weniger, aber auch nicht mehr.

Wer das Meistersymbol und das Mantra des Meistersymbols, *Dai Komio,* auf besondere Weise erleben möchte, dem seien folgende Übungen empfohlen:

- Drei Monate lang täglich dreißig Minuten das Mantra laut und kraftvoll intonieren. Danach für den gleichen Zeitraum ebenfalls für dreißig Minuten täglich das Mantra still im Geist klingen lassen. Das Mantra um sich herum schwingen lassen und dabei zentriert bleiben.
- Sich auflösen und zum Meistersymbol werden. Gemeint ist nicht, sich das Symbol vorzustellen oder zu visualisieren, sondern sich wirklich völlig zu vergessen und mit all seinem Sein zum Symbol zu werden.

Der 4. Reiki-Grad:
Der Lehrer-Grad

Der 4. Reiki-Grad bedeutet, die Kenntnisse zu haben, wie andere Menschen für die Universelle Lebensenergie geöffnet werden können. Wir erläutern, in welcher Form dies geschehen kann und welche Verantwortung und innere Haltung nach der Auflösung des Großmeistertums damit verbunden sind. Das Thema Geld muß hier noch einmal zur Sprache kommen, vor allem, wenn wir uns abschließend darüber Gedanken machen, was für einen Reiki-Lehrer eigentlich den Erfolg ausmacht.

Der Zeitpunkt der Einweihung

Im 4. Reiki-Grad lernen wir, die Reiki-Kraft weiterzugeben. Wie schon zwischen den anderen Graden ist es auch hier sinnvoll, nach der Einweihung in den 3. Grad einige Zeit abzuwarten, damit sich die Erfahrung des Nichttuns in aller Ruhe kristallisieren kann. Die Zeit der inneren Reinigung, die nach der Einweihung in den 3. Grad auf einer feineren Ebene erlebt wird, sollte wieder bewußt wahrgenommen werden. Vor allem das Tagebuchschreiben hilft, die Änderungen im persönlichen Erleben intensiv nachzuvollziehen.

Es ist andererseits durchaus praktikabel, die Einweihungen in den 3. und in den 4. Grad miteinander zu verbinden. Jeder Mensch hat seinen eigenen Rhythmus, und jeder Mensch weiß auch darum. Intuition und Einfühlungsvermögen des Reiki-Lehrers sind besonders an dieser Stelle des Reiki-Prozesses gefordert, um dem Reiki-Schüler wirklich optimal behilflich zu sein. In jedem Fall hat der Reiki-Lehrer oder die Reiki-Lehrerin die Verpflichtung, die Verantwortung gegenüber dem Reiki-System und all den Vorgängern und Kollegen wahrzunehmen und zu entscheiden, ob der Schüler oder die Schülerin die Voraussetzungen mitbringt, die Universelle Lebensenergie im Geist des Reiki weiterzugeben. So kann es auch heute noch durchaus für den Reiki-Lehrer in spe sinnvoll sein, seinem Lehrer über längere Zeit in dessen Seminaren zu assistieren, wie es bis vor kurzem im Rahmen der Lehrerausbildung allgemein üblich war. Doch es gibt heute immer mehr Menschen, die durch ihren bisherigen Lebens- und Erfahrungsweg ohne weitere Schulung wissen, worum es geht, und die wirklich nur noch die Technik der Einweihungsrituale lernen müssen.

Ein Reiki-Lehrer ist vollkommen frei in der Art und Weise, wie er Reiki weitergibt. Die Fähigkeit, Universelle Lebensenergie übertragen zu können, kann ihm niemand wieder nehmen. Auch kann ihm niemand verbieten, diese Tätigkeit auszuüben wie etwa einem Arzt, dem die Approbation entzogen wird. Alle praktizierenden Reiki-Lehrer und -Lehrerinnen sollten sich in diesem Sinne ihrer ganz persönlichen Verantwortung bewußt sein, wie der Geist des Reiki durch sie weiterleben wird.

Wer wird Reiki-Lehrer?

Reiki-Lehrer sein heißt zunächst einmal nur, den Schlüssel für die Vermittlung eines Systems in den Händen zu halten. Auch wenn dieses System darauf ausgelegt ist, Universelle Lebensenergie zu übertragen, so ist das für den Lehrer kein Grund, sich darauf etwas einzubilden oder sich anhimmeln zu lassen. Andererseits ist der Reiki-Lehrer für die Erwartungen und Einstellungen, mit denen seine Schüler ihm begegnen, nicht verantwortlich. Und schon gar nicht ist er dazu da, unangemessene Erwartungen zu erfüllen. Alles, was passiert, geschieht jenseits unseres persönlichen Wollens durch göttliche Gnade. Und an ihr dürfen alle Beteiligten teilhaben und sich erfreuen.

Der Reiki-Lehrer sollte es verstehen, wenn viele Reiki-Schüler in ihm einen Meister der Energie sehen. Für diese Reiki-Schüler mag das eine Orientierungshilfe sein, die sie zunächst brauchen, um über die Person des Lehrers Vertrauen in die Universelle Lebensenergie zu gewinnen. Reiki-Lehrer können so etwas gelassen hinnehmen, denn sie wissen ja, daß nicht sie es sind, die, abgesehen von der Ausführung des Einweihungsrituals, aktiv handeln.

Es gibt viele Gründe, die jemanden dazu bewegen können, Reiki-Lehrer oder Reiki-Lehrerin zu werden. Manche Menschen sind einfach nur wißbegierig. Hier wird der Lehrergrad zu einer weiteren Stufe auf dem Weg des persönlichen Wachstums. Ein so veranlagter Mensch verspürt in sich nicht die Regung, Reiki an möglichst viele andere weitergeben zu wollen. Einweihungen wird er nur in Ausnahmefällen, vielleicht auch gar nicht durchführen.

Am anderen Ende des Spektrums stehen die Menschen, die intuitiv spüren, daß die Weitergabe der Universellen Lebensenergie an andere eine wichtige Lebensaufgabe für sie ist. Ob ein solcher Reiki-Lehrer jetzt hauptberuflich seinen Lebensunterhalt mit der Einweihungstätigkeit verdient oder ob er in seiner Freizeit einfach aus Freude daran, mit anderen Menschen zu teilen, Reiki weitergibt, ist für Schüler und Schülerinnen gleichermaßen von Nutzen. Darüber hinaus kann es für all diejenigen, die im Rahmen ihres Berufs in irgendeiner Form therapeutisch tätig sind, sehr sinnvoll sein, über ihr Fachgebiet hinausgreifend ihre Patienten durch Reiki-Einweihungen in ihrem Heilungsprozeß zu unterstützen. Körper- und Atemtherapeuten, Heilpraktikern wie approbierten Ärzten bietet der Lehrergrad die Möglichkeit, ihren Patienten Wege zu zeigen, wie sie sich auch selbst helfen und mittels Reiki die durchgeführten Behandlungen besser integrieren können.

Wir wünschen uns, daß noch viel mehr Menschen als bisher in die Funktion eines Reiki-Lehrers oder einer Reiki-Lehrerin hineinwachsen, damit das Wissen um die Universelle Lebensenergie sich noch schneller ausbreitet.

Wir wünschen uns, daß noch viel mehr Menschen als bisher das erfahren, was Reiki zu allererst ist: Ein Erinnern an die Herzlichkeit.

Einige Bemerkungen zur Weitergabe des Lehrer-Grades

Es ist offensichtlich, daß die Anzahl der Reiki-Lehrer und -Lehrerinnen in nächster Zeit sehr anwachsen wird. Mit der Auflösung des sogenannten Großmeistertums Ende der achtziger Jahre wurde es für jeden Reiki-Lehrer und jede Reiki-Lehrerin möglich, selbst jederzeit andere Menschen zu Lehrern auszubilden. Die Gesetze der Marktwirtschaft, der Wunsch, Reiki an möglichst viele Menschen weiterzugeben und die wachsende Nachfrage nach Reiki führen zu einem Sinken der Honorare, damit auch der Kosten für einen Lehrergrad. Wie schon mehrfach betont, halten wir diese Entwicklung grundsätzlich für sehr positiv, weil sich Reiki dadurch um so schneller verbreiten wird. Doch wir wollen an dieser Stelle die grundsätzlichen Unterschiede zwischen dem Großmeistertum und der heutigen Situation untersuchen.

Das Großmeistertum bedeutete, daß die Anzahl der Menschen, die das Wissen um die Weitergabe der Reiki-Kraft besaßen, sehr klein war. Wenn wir einmal von den Unterstellungen verschiedener Kreise absehen, daß dieses System nur zur Sicherung der eigenen Pfründe oder der eigenen Macht geschaffen wurde, sprach für das Großmeistertum, daß es dadurch leichter war, den Geist des Reiki unverfälscht weiterzugeben und zu bewahren.

Mit der Auflösung des Großmeistertums änderte sich die Situation zunächst dahingehend, daß der Reiki-Lehrergrad unter bestimmten Bedingungen erhältlich war. Im wesentlichen hieß das, daß man einen Lehrer finden mußte, der bereit war, sein Wissen weiterzugeben und daß man das geforderte Honorar von etwa zwanzigtausend Mark aufbringen konnte.

Verbunden mit dem Lehrergrad war auch immer eine Zeit des Dienens von bis zu einem Jahr, in der man seinen Lehrer unentgeltlich bei der Erfüllung seiner Aufgaben unterstützte. Diese Zeit des Dienens hatte – neben dem gründlichen Kennenlernen aller Aspekte des Lehrergrades – im Kern die Funktion, dem Lehreranwärter eine ganz wesentliche Bewußtseinsqualität des Meistergrades nahezubringen: die Qualität der Demut, das Bewußtsein, Diener zu sein – und nicht oder zumindest nicht nur, wie viele böse Zungen behaupten, das Ego des Meisters zu stärken oder ihm die Arbeit abzunehmen und dafür zu sorgen, daß er mit noch weniger Aufwand noch mehr verdient.

Das geforderte Honorar war relativ betrachtet nicht hoch, weil es nur wenige Reiki-Lehrer gab und die hohen Preise insbesondere für die Einweihungen in den 2. Grad dafür sorgten, daß das investierte Kapital schnell wieder zurückfloß. Nichtsdestoweniger bedeutete der hohe Einstiegsbetrag, daß jeder Anwärter über eine erhebliche Hürde zu springen hatte und sich genau überlegen mußte, ob er wirklich bereit war.

So wurde ganz nebenbei eine weitere wesentliche Qualität des Lehrergrades gefördert: das Vertrauen – Vertrauen darin, daß für alles gesorgt ist. Ein Lehrer, der wirklich durch diese Schule gegangen war und Demut und Vertrauen gelernt hatte, besaß somit zwei wichtige Qualitäten, die er kraft seiner Persönlichkeit an Schüler und Schülerinnen weitergeben konnte.

Die jüngsten Entwicklungen gehen jetzt dahin, daß Reiki ganz allgemein immer weniger Geld kostet. Ein Lehrergrad ist mancherorts schon in ein bis zwei Tagen für den materiellen Gegenwert von wenigen Einweihungen in den 1. Grad zu bekommen; eine Zeit des Dienens wird auch nicht erwartet. Was bedeutet das für das Reiki-System?

Die Qualitäten von Vertrauen in die Existenz und eine

innere demütige Einstellung sowie ein Bewußtsein des Dienens können durch eine solche Ausbildung zwar nicht mehr vermittelt werden. Die niedrigen Preise für einen Lehrergrad und der Wegfall der Zeit des Dienens führen aber dahin, daß es unter ökonomischen Gesichtspunkten für einen Reiki-Lehrer nicht mehr attraktiv ist, einen Lehrergrad weiterzugeben. Wenn in Zukunft ein Reiki-Lehrer einem anderen Menschen sein ganzes Wissen weitergibt, so spielen die dadurch zu erwartenden Einnahmen kaum noch eine Rolle. Das bedeutet letztlich, daß ein Lehrergrad nicht käuflich ist.

So bleibt unter finanziellen Gesichtspunkten nur noch das Thema Konkurrenz übrig, mit dem sich ein Reiki-Lehrer auseinandersetzen muß, bevor er sein Wissen weitergibt. Der neue Kollege oder die neue Kollegin könnte ihm ja »seine« Schüler wegschnappen! Und genau an dieser Stelle kann und muß er lernen, was Vertrauen in die Existenz bedeutet! Spätestens hier wird er begreifen müssen, was es heißt, loszulassen und zu vertrauen. Konkurrenzdenken, begrenzte Ressourcen, Macht- und Erfolgsstreben und Durchsetzung des Ego sind Qualitäten des dritten Chakras, des Solarplexus-Chakras. Reiki ist hingegen eine Qualität des Herzens. Doch der Übergang vom dritten zum vierten Chakra, zum Herz-Chakra ist durch Angst gekennzeichnet. Aus dem Herzen zu leben bedeutet, aus dem Bewußtsein der Fülle und dem Gefühl des Überflusses heraus zu handeln, im Vertrauen darauf, daß für alles gesorgt ist. Und allein schon die stetig wachsende Anzahl der Menschen, die mit Reiki in Berührung kommen, kann ein Vertrauen darin wachsen lassen, daß es auch weiterhin für alle genügend Schüler geben wird.

Wenn also finanzielle Gründe kaum noch eine Rolle bei der Weitergabe des Meistergrades spielen, was bleibt dann übrig? Der einzige Grund, der uns einleuchtet, den Meistergrad weiterzugeben, ist der Wunsch und die Freude daran, daß der

Zugang zur Universellen Lebensenergie, der Energie der Liebe, für immer mehr Menschen möglich wird. Mit anderen Worten: Was bleibt, ist der Dienst – und somit bleibt auch die Qualität des Dienens von ganz allein im Geist des Reiki erhalten.

Das beginnende Wassermannzeitalter bringt es mit sich, daß immer mehr Menschen einen über lange Jahre herangereiften spirituellen Erfahrungshintergrund besitzen und über die innere Reife verfügen, die einen Reiki-Lehrer oder eine Reiki-Lehrerin auszeichnen sollten. Es ist etwa so, als würde es immer mehr reife Äpfel geben, die vom Baum fallen wollen. Solche Menschen leben im allgemeinen in einer inneren Haltung, die man als Geist des Reiki bezeichnen könnte. Aufgrund dessen können sie auch ohne lange zusätzliche Ausbildung, ohne eine Zeit des Dienens und ohne großen persönlichen finanziellen Einsatz den Geist des Reiki weitergeben und zum Reiki-Lehrer, zur Reiki-Lehrerin des Wassermannzeitalters werden.

Die Geschenke des 4. Reiki-Grades

Reiki als Ganzes ist ein Geschenk an sich. Dem einen Reiki-Praktizierenden mag dies schon nach der allerersten Einweihung klargeworden sein, ein anderer Reiki-Schüler wird nach und nach in diese Erkenntnis hineinwachsen. Deutlich spürbar ist diese Tatsache aber in dem Moment, wenn man als Reiki-Lehrer Einweihungen vornehmen kann und als Kanal für die kosmische Energie funktionieren darf.

Die innere Einstellung des Reiki-Lehrers ist besonders während des Vorgangs der Einweihung von Demut und Rezeptivität getragen. Auf einer transpersonalen Ebene findet eine Kommunikation statt, während der das höhere Selbst des Schülers dem höheren Selbst des Lehrers sagt, was er tun soll. Die Handlungen und Worte des Lehrers machen den Vorgang für das Tagesbewußtsein des Schülers erfaßbar. Dieses erleben zu dürfen ist für uns eines der größten Geschenke des Lehrergrades.

Die Möglichkeit, als Reiki-Lehrer auf eine ganz neue Weise mit anderen Menschen in Beziehung treten zu können, ist eine Auszeichnung und Ehre. Jedem Reiki-Lehrer wird das früher oder später bewußt werden. Auch im privaten, nachbarschaftlichen oder kollegialen Bereich werden sich unsere Beziehungen erfahrungsgemäß verbessern, weil wir selbst uns wohler, sicherer, einfach runder fühlen.

Reiki-Lehrer zu sein bedeutet nicht, weise zu sein oder bereits alle inneren Begrenzungen hinter sich gelassen zu haben. Aber die vielen unterschiedlichen Menschen, denen wir im Laufe der Zeit als Reiki-Lehrer begegnen, werden uns viele neue Seiten von uns spiegeln, uns auch herausfordern, immer mehr selbst zu verkörpern, wovon wir sprechen. Gerade auch deshalb, weil sich auf diese Weise viele Situationen zur Überwindung des eigenen Ego bieten. Wir können uns über unsere Vorstellungen von »richtig« und »falsch« bewußt werden und lernen, Kritik als Anregung zu begreifen. Wir wachsen durch dieses Loslassen.

Einen Reiki-Schüler auszubilden, heißt in gewisser Weise auch, jemanden energetisch zu »adoptieren«. Mit dem Abschluß des 4. Grades endet jedoch die Schüler-Lehrer-Beziehung. Es ist ganz wichtig, daß diese Bindung aufgehoben wird und daß der neue Reiki-Lehrer oder die neue Reiki-Lehrerin in die volle Eigenverantwortung entlassen wird. Ein weiterer Austausch findet fortan nur noch auf einer gleichberechtigten, kollegialen Ebene statt. Es sollte fortan keine Verpflichtung mehr gegenüber der Person des Lehrers geben! Der neue Reiki-Lehrer beziehungsweise die neue Reiki-Lehrerin hat allerdings sehr wohl auch weiterhin eine Verpflichtung gegenüber dem Reiki als Ganzen zu erfüllen und gegenüber all denen, die vor ihm oder ihr Reiki praktiziert haben, also gegenüber dem Geist des Reiki. Verbindung zwischen Menschen: ja, Anbindung an Personen: nein.

In diesem Zusammenhang kann es auch vorkommen, daß der neue Kollege sich nicht so entwickelt und verhält, wie sein Reiki-Lehrer es sich gewünscht hätte. Vielleicht ist es für den einen oder anderen Anfänger unter den Reiki-Lehrern zum Beispiel durchaus richtig, mal ein bißchen Guru zu spielen, um seine Unsicherheit zu überwinden. Dem neuen Kollegen dann trotz des eigenen Unmuts verständnisvoll zu erlauben, den von ihm gewählten Weg der Selbsterkenntnis zu gehen, bedeutet, wirklich loszulassen. Es bedeutet, voll und ganz darauf zu vertrauen, daß die Kraft der Liebe für sich selbst sorgt, was aber niemanden daran hindern sollte, alle Möglichkeiten einer positiven Einflußnahme wahrzunehmen.

Wer das Usui-System in seiner Klarheit und Einfachheit verstanden hat und wer die Reiki-Kraft in seinem Herzen fühlt, sollte sich alle Arten von Guru-Gehabe ersparen, denn jeder Reiki-Praktizierende hat ja von der allerersten Eigenbehandlung an erlebt, daß nicht wir es sind, die hier etwas tun. So ist das Loslassenlernen an sich ein ganz großes Geschenk des Reiki. Aber nicht jeder kann jedes Geschenk sofort annehmen.

Es ist die manchmal nicht ganz einfache Aufgabe des Reiki-Lehrers, seinem neuen Kollegen alles zu geben, was er hat, ohne etwas zurückzuhalten, und das auf der Basis seines aktuellen Erkenntnisstandes. So kann der neue Reiki-Lehrer auf dem aufbauen, was sich sein Lehrer erarbeitet hat. Und die rückhaltlose Weitergabe seines Wissens läßt beim erfahreneren Kollegen die innere Leere entstehen, die nötig ist, damit Neues wachsen kann. So bleibt Reiki lebendig und entwickelt sich.

Unabhängig von Reiki fördert der Lehrergrad die Hinwendung zu einem Leben in meditativer Selbstbeobachtung. Je intensiver dies geschieht, desto mehr werden wir als Reiki-Lehrer Eindrücke aus dem Einweihungserlebnis in unseren Alltag integrieren können. Und die Bewußtheit, mit der wir unseren Alltag leben, erschließt uns wiederum unsere innere Quelle. Meditation und Bewußtheit im Alltag als den Teil, den wir selbst beitragen können und dazu die Gnade des Einweihungserlebnisses lassen in uns vielleicht die Demut heranreifen, daß wir Schritt für Schritt lernen, unser Ego beiseite zu stellen und Liebe und Weisheit einfach durch uns hindurchfließen zu lassen.

Die Reiki-Kraft weitergeben zu dürfen, das ist pure Freude, und Lebensfreude läßt die Selbstliebe weiter in uns wachsen. Wer sich selbst liebt, zu dem kommt das Leben ganz von allein mit all seiner Fülle.

Was heißt Erfolg
für einen Reiki-Lehrer?

Der in ganz vielen Menschen durch Reiki angeregte emanzipatorische Prozeß ist der Lohn; an der persönlichen Entwicklung der von uns begleiteten Reiki-Schüler teilzuhaben, einfach die Entfaltung von Leben miterleben zu dürfen – das ist die Freude, aus der Erfolg geboren wird. So bedeutet Erfolg, die Arbeit als Reiki-Lehrer qualitativ vom Herzen her auszuführen und Reiki liebevoll und individuell weiterzugeben. Die Anzahl der durchgeführten Einweihungen ist für den Erfolg genauso unerheblich wie die Summe des dafür erhaltenen Geldes. Erfolg für einen Reiki-Lehrer bedeutet für uns, zu sehen und zu erleben, welche Veränderungen im Leben und Sein unserer Schüler und Schülerinnen durch unsere Arbeit initiiert und gefördert wurden. Erfolg bedeutet nicht, daß irgendein Schüler seinem Lehrer dankt.

Wenn es für den einen ein Erfolg ist, am Ende eines Seminars von vielen Schülern und Schülerinnen ein gutes Feedback zu bekommen, so mag es für den anderen ein Erfolg sein, sich im Rahmen einer Einzeleinweihung einem Menschen intensiv widmen zu können und vielleicht beobachten zu dürfen, wie er anfängt zu strahlen. Es ist auch schon vorgekommen, daß ein Reiki-Lehrer nur einen einzigen Reiki-Lehrer ausgebildet hat und danach seine Einweihungstätigkeit einstellte, weil er damit seine ganz spezielle Aufgabe erfüllt hatte – auch das kann Erfolg bedeuten.

Dr. Usui hat zu Anfang dieses Jahrhunderts seinen Schülern das Gesetz des Energieaustauschs mitgegeben. Dieses Gesetz hat sich in der Praxis als richtig erwiesen. Es besagt schlicht und einfach, daß die Leistungen, die im Rahmen der

Reiki-Praxis für andere erbracht werden, mit einer entsprechenden Gegengabe geehrt werden. Das braucht nicht in Form von Geld zu geschehen, was wir hoffentlich bereits deutlich gemacht haben. Die Höhe des Honorars sollte für einen Reiki-Lehrer oder eine Reiki-Lehrerin eben nicht im Zusammenhang mit dem Gefühl des Erfolgs stehen. Der ideelle Erfolg ist für uns die wesentliche Komponente im Leben eines Reiki-Lehrers.

Selbstverständlich sollte der Reiki-Lehrer bei all seinem Tun das Gefühl haben, daß seine Leistungen finanziell angemessen honoriert werden. Die Höhe des Salärs, die jemand als angemessen empfindet, kann dabei allerdings erheblich variieren. Jeder sollte Geld in dem Maße nehmen, wie er es vertreten kann und es ihm richtig erscheint. Das kann sogar bedeuten, daß von festen Preislisten abgerückt wird und der Austausch in Geld je nach Schüler individuell festgelegt wird.

Das über das Reiki-System hinausgehende Lernziel des Lehrer-Grades ist unserer Auffassung nach, letztendlich sowohl die Identifikation mit dem materiellen als auch mit dem ideellen Erfolg loszulassen. Seien wir uns also bewußt, daß wir nicht Reiki, sondern unsere Vermittlungsleistung »verkaufen«, und seien wir uns bewußt, daß es das kosmische Herz ist, das durch uns hindurch strahlt und Wirkungen erzeugt, nicht unser Wille, unser Ego.

Hören wir also auf Meister Lin Chi: »Sei ganz, wie du bist, gib dich nicht als etwas Besonderes. Iß deine Nahrung, erleichtere deine Eingeweide, gieß Wasser nach, zieh deine Kleider an. Wenn du müde bist, leg dich hin. Unwissende mögen über mich lachen, der Weise jedoch wird mich verstehen.«

Literatur

Achterberg, Jeanne: Gedanken heilen. Die Kraft der Imagination. Grundlage einer neuen Medizin. Rowohlt Verlag, Reinbek 1990.

Anand, Margot: Tantra oder Die Kunst der sexuellen Ekstase. Goldmann Verlag, München 1990.

Baginski, Bodo J./Sharamon, Shalila: Das Chakra-Handbuch. Vom grundlegenden Verständnis zur praktischen Anwendung. Windpferd Verlag, Aitrang 1994.

Baginski, Bodo J./Sharamon, Shalila: Reiki. Universale Lebensenergie zur ganzheitlichen Behandlung. Synthesis Verlag, Essen 1985.

Binder, Walter: Der Energiekörper im Feld der Reiki-Kraft. Verlag für Naturmedizin und Bioenergetik, Deggendorf 1990.

Birnbaum, Raoul: Der heilende Buddha. Einführung in das psychosomatische Heilsystem des Buddhismus. Goldmann Verlag, München 1990.

Blaszok, Beate/Rohr, Wulfing von: Reiki fürs Leben. Eine praktische Einführung in beide Reiki-Systeme. Goldmann Verlag, München 1994.

Bly, Robert: Eisenhans. Ein Buch über Männer. Verlag Droemer Knaur, München 1993.

Bolen, Jean Shinoda: Göttinnen in jeder Frau. Psychologie einer neuen Weiblichkeit. Sphinx Verlag, Basel 1993.

Brennan, Barbara Ann: Licht-Arbeit. Das große Handbuch der Heilung mit körpereigenen Energiefeldern. Goldmann Verlag, München 1993.

Brennan, Barbara Ann: Licht-Heilung. Der Prozeß der Genesung auf allen Ebenen von Körper, Gefühl und Geist. Goldmann Verlag, München 1994.

Brown, Fran: Reiki leben – Takatas Lehren. Synthesis Verlag, Essen 1993.

Davis, Bruce: Das magische Kind in dir. Ch. Falk Verlag, Seeon 1986.

Dethlefsen, Thorwald/Dahlke, Rüdiger: Krankheit als Weg. Deutung und Be-Deutung der Krankheitsbilder. Goldmann Verlag, München 1990.

Govinda, Lama Anagarika: Mandala. Der heilige Kreis, Stufen der Meditation. O. W. Barth/Scherz Verlag 1984.

Govinda, Lama Anagarika: Schöpferische Meditation und multidimensionales Bewußtsein. Aurum Verlag, Braunschweig 1988.

Hay, Louise: Heile deinen Körper. Geistig-seelische Gründe für körperliche Krankheiten. Verlag Alf Lüchow, Freiburg 1989.

Horan, Paula: Die Reiki-Kraft. Handbuch für persönliche und globale Transformation. Windpferd Verlag, Aitrang 1993.

Jung, C. G. u. a.: Der Mensch und seine Symbole. Walter Verlag, Olten 1991.

King, Serge: Begegnung mit dem verborgenen Ich. Ein Arbeitsbuch zur Huna-Magie. Aurum Verlag, Braunschweig 1993.

Krotoschin, Henry: Huna-Praxis. Bewußte Lenkung des Schicksals. Verlag Hermann Bauer, Freiburg 1992.

Lübeck, Walter: Das Reiki-Handbuch. Von der grundlegenden Einführung zur natürlichen Handhabung. Windpferd Verlag, Aitrang 1993.

Lübeck, Walter: Die Reiki-Hausapotheke. Reiki-Behandlungen zur begleitenden Therapie von über 40 Krankheiten. Wildpferd Verlag, Aitrang 1993.

Lübeck, Walter: Reiki – Der Weg des Herzens. Der Reiki-Einweihungsweg. Windpferd Verlag, Aitrang 1993.

Müller, Brigitte/Günther, Horst H.: Reiki – Heile Dich selbst. Peter Erd Verlag, München, 1993.

Ouspensky, Peter D.: Tertium Organum. Der Dritte Kanon des Denkens. Ein Schlüssel zu den Rätseln der Welt. Scherz Verlag, München 1973.

Plesse, Michael/St. Clair, Gabrielle: Feuer der Sinnlichkeit. Licht des Herzens. Goldmann Verlag, München 1992.

Ray, Barbara: Der Reiki-Faktor. Wilhelm Heyne Verlag, München 1993.

Schulte, Stefan: Reiki und Energiearbeit. Eine umfassende Einführung in Reiki und den Umgang mit energetischen Prozessen. Windpferd Verlag, Aitrang 1994.

Sheldrake, Rupert: Das schöpferische Universum. Die Theorie des morphogenetischen Feldes. Ullstein Verlag, Berlin 1993.

Vollmar, Klausbernd: Chakra-Arbeit. Wege zur Aktivierung der Lebensenergie. Goldmann Verlag, München 1994.

Wingo, Otha: Das Huna-Arbeitsbuch. Psychologie und praktische Anwendung des Huna-Wissens. Verlag Droemer Knaur, München 1994.

Ziegler, Gerd B.: Vision der Freude. Die transformative Kraft der Liebe. Goldmann Verlag, München 1992.

Ziegler, Brigitte: Erfahrungen mit der Reiki-Kraft. Schritte in die Freiheit. Windpferd Verlag. Aitrang 1993.

Eckhart Tolle
Stille spricht
Wahres Sein berühren
ISBN 3-442-33705-4

Innere Stille ist die Bedingung dafür, dass wir in Kontakt treten mit
unserem wahren Sein. Wir müssen die äußere Betriebsamkeit loslassen,
um mit unserer inneren Wahrnehmung auf der Seinsebene anzukommen.
Mehr ist nicht zu tun – als nichts zu tun und nur zu beobachten.
Eckhart Tolle hebt die fundamentalen Elemente seiner Lehren in der Form
von prägnanten, kurzen Sinnsprüchen hervor, ähnlich den Sutren des alten
Indien. Seine Worte entstammen einem Bereich jenseits konstruierender
Philosophie; sie entspringen der Stille, und sie haben deshalb die Kraft,
uns in die Stille zu führen.

ARKANA
GOLDMANN

GANZHEITLICH HEILEN
GOLDMANN

Traditionelles Wissen neu entdeckt

Peter Grunert,
Weihrauch   14173

Mark J. Plotkin,
Der Schatz derWayana   14228

Suzan H. Wiegel, Das Handbuch
der Kahuna-Medizin   14143

Richi Moscher,
Das Hanfbuch   14181

Goldmann • Der Taschenbuch-Verlag

ARKANA
GOLDMANN

Osho - Medidation & Energie

Meditationsführer   21609

Was kann ich tun?   21561

Liebe, Freiheit, Alleinsein   21599

Meditation   21521

Goldmann • Der Taschenbuch-Verlag

GOLDMANN

*Das Gesamtverzeichnis aller lieferbaren Titel erhalten Sie
im Buchhandel oder direkt beim Verlag.
Nähere Informationen über unser Programm erhalten Sie auch im Internet unter:*
www.goldmann-verlag.de

★

Taschenbuch-Bestseller zu Taschenbuchpreisen
– Monat für Monat interessante und fesselnde Titel –

★

Literatur deutschsprachiger und internationaler Autoren

★

Unterhaltung, Kriminalromane, Thriller
und Historische Romane

★

Aktuelle Sachbücher, Ratgeber, Handbücher und
Nachschlagewerke

★

Bücher zu Politik, Gesellschaft, Naturwissenschaft und Umwelt

★

Das Neueste aus den Bereichen
Esoterik, Persönliches Wachstum und Ganzheitliches Heilen

★

Klassiker mit Anmerkungen, Anthologien und Lesebücher

★

Kalender und Popbiographien

★

Die ganze Welt des Taschenbuchs

★

Goldmann Verlag • Neumarkter Str. 28 • 81673 München

Bitte senden Sie mir das neue kostenlose Gesamtverzeichnis

Name: _____

Straße: _____

PLZ / Ort: _____